世界の伝承あやとり

アジア・アフリカ・ヨーロッパのあやとり

野口とも

世界に広がるあやとりの輪

シベリア
(ロシア)

イギリス

スイス

ギリシャ

アジア・アフリカ・ヨーロッパ

韓国

中国

日本

インド

ナイジェリア

スーダン

オセアニア❷

ガーナ

中央アフリカ

カロリン諸島

ナウル

ツバル

タンザニア

パプアニューギニア

ソロモン諸島

バヌアツ

ザンビア

ジンバブエ

トレス海峡

フィジー

モザンビーク

ニューカレドニア

オセアニア❶

南アフリカ

オーストラリア

ニュージーランド

世界のあやとりマップ　※国名は通称で記しています。

「世界の伝承あやとり」シリーズでは、これらの地域で採集されたあやとりを紹介します。

2

極北圏

グリーンランド
（デンマーク）

アラスカ
（アメリカ）

カナダ

アメリカ

ハワイ

南北アメリカ

マルケサス諸島

ガイアナ

ブラジル

ペルー

ラパ・スイ

ボリビア

アルゼンチン

はじめに

本書では、昔なつかしい日本の代表的なあやとりと、アジアやアフリカ、ヨーロッパなどの珍しいあやとりを紹介します。みなさんが日本のあやとりだと思われているものの中には、実は同じ形でも世界各地でとられているあやとりがたくさんあります。地域によってどんな名前で呼ばれているかなどもあわせて、楽しんでいただければ幸いです。

野口とも

もくじ

イギリス
スイス
ギリシャ
ナイジェリア
スーダン
ガーナ
中央アフリカ
タンザニア
ザンビア
ジンバブエ
モザンビーク
南アフリカ
中国
インド
日本
韓国

イギリスの絵皿

ふたりあやとりを楽しむ
インド、ナガランドの女性たち

第1章
アジア・アフリカ・
ヨーロッパのあやとり

アジアでは、日本の他にも中国(チベット)やインド、ビルマなどであやとりの調査が行われ
ています。また、アフリカでも20世紀初頭に多数のあやとりが採集されました。ヨーロ
ッパでは伝承あやとりの数は少ないですが、イギリスやギリシャの珍しいあやとりを紹
介します。

※第1章に写真を掲載したあやとりの中で、とり方を紹介するものには第2章の掲載頁を記しています。

日本のあやとり

外国では地域によりあやとりが子どもだけでなく大人にも親しまれていましたが、日本では女性や子どもの遊びとなったので、とり方は簡単なものがほとんどです。外国に比べると左右対称の平面的な形が多いですが、静的な美しさもあります。

富士山 Mt.Fuji

[とり方 ▶ p.82]

日本人に古くから愛されている「富士山」はたくさんのあやとりになっています。このあやとりは、「富士山」のすそ野がなだらかに広がる雄大な風景を見事に表しています。

出典 = T. Saito, *The Traditional String Figures of Japan*, Buletin of the ISFA 11, 2004

富士にかすみ
Misty Mt. Fuji

最初は「富士山」にかすみがかかった様子を表します。続けてとると「富士山」から月がのぞく様子に変わります。絵の中の風景を見ているようですね。

出典 = T. Saito, *The Traditional String Figures of Japan*, Buletin of the ISFA 11, 2004

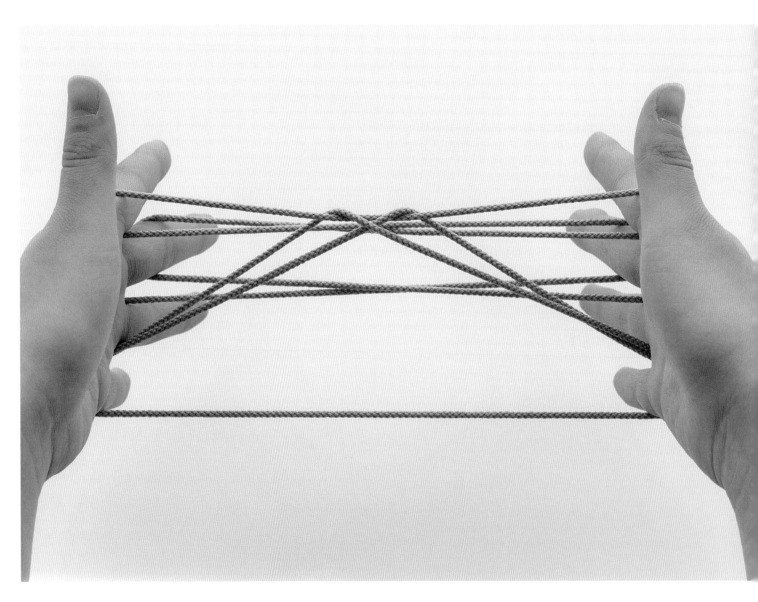

富士に月
Moon upon Mt. Fuji

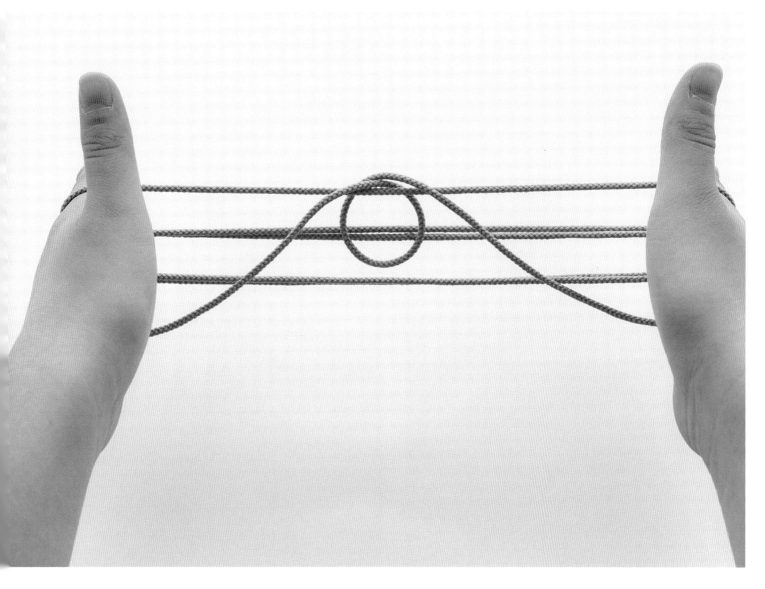

山の上のお月さん
The Moon
upon a Mountain

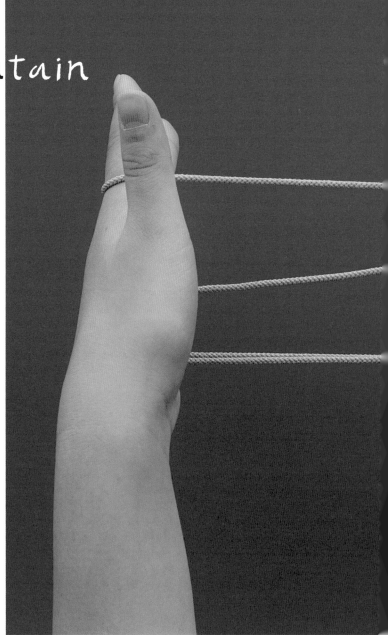

山の上に、丸いお月さんがのぞいています。ひもを引く
とお月さんはどんどん高く昇って行きますよ。日本には
「月」の名をもつあやとりもたくさんあります。

出典 = T. Saito, *The Traditional String Figures of Japan*, Buletin of the ISFA 11, 2004

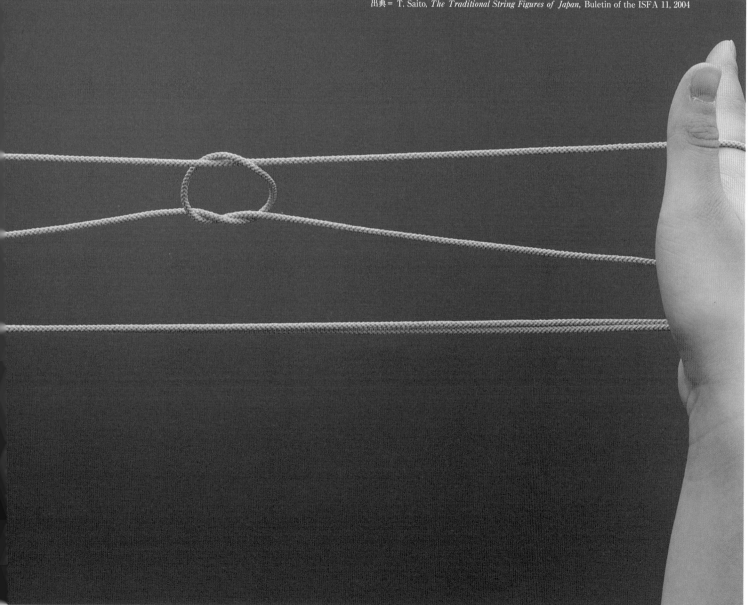

［とり方▶p.88］

菊
A Chrysanthemum

完成形を指から外して平らなところに置いて、眺めて楽しむあやとりです。大輪の「菊」を見ない外国では「タンポポの花」として紹介されています。

出典 = T. Saito, *The Traditional String Figures of Japan*, Buletin of the ISFA 11, 2004

蝶 →
A Butterfly →

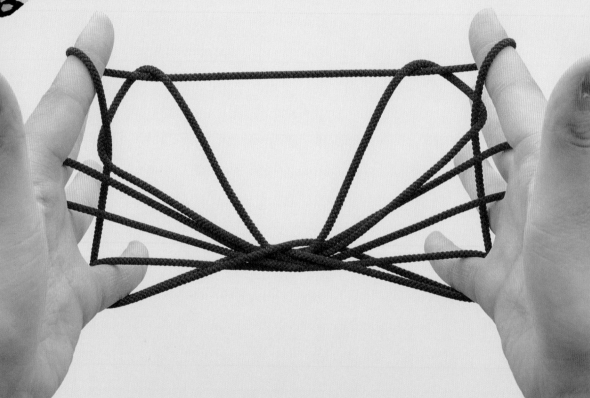

日本に昔からある連続あやとりです。蝶のあやとりは「彦根の蝶」「長野の蝶」「埼玉の蝶」など、日本各地に様々なものがあります。

猫 → 菊
A Cat → A Chrysanthemum

続いてヒゲの長い猫の姿が現れます。最後の菊の形は、前ページのものと同じ形になります。

出典 = T. Saito, *The Traditional String Figures of Japan*, Buletin of the ISFA 11, 2004

菊水
Kikusui
(A Japanese Heraldic Emblem)

上下、左右対称で幾何学模様のように整った形のあや
とりです。昔から日本にある家紋の文様から名づけら
れたようです。

出典＝ T. Saito, *The Traditional String Figures of Japan*,
Buletin of the ISFA 11, 2004

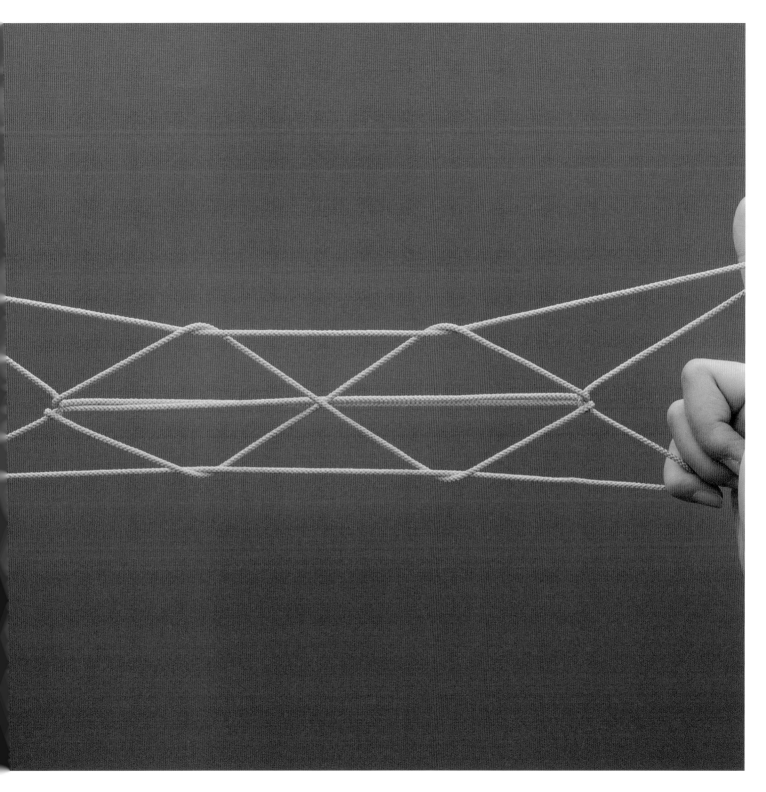

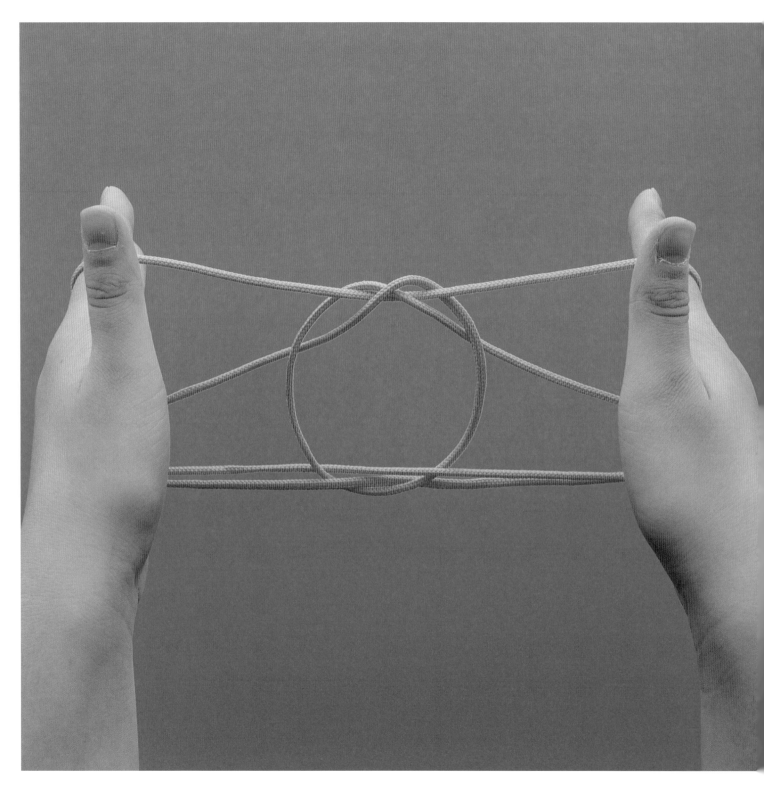

ふくろう
An Owl

「ふくろう」が木の枝にとまっている様子をシンプルに表現しています。民俗文化研究者の斎藤たま氏により、1974年に京都の丹波市で採集されました。

出典 = T. Saito, *The Traditional String Figures of Japan*, Buletin of the ISFA 11, 2004

お守り A Charm

子どもの魔除けとして、昔は着物の背中に「お守り」を縫う「背守り」という風習がありました。これも斎藤たま氏により、1975年に広島県三次市と京都府福知山市で採集されました。

出典 = T. Saito, *The Traditional String Figures of Japan*, Buletin of the ISFA 11, 2004

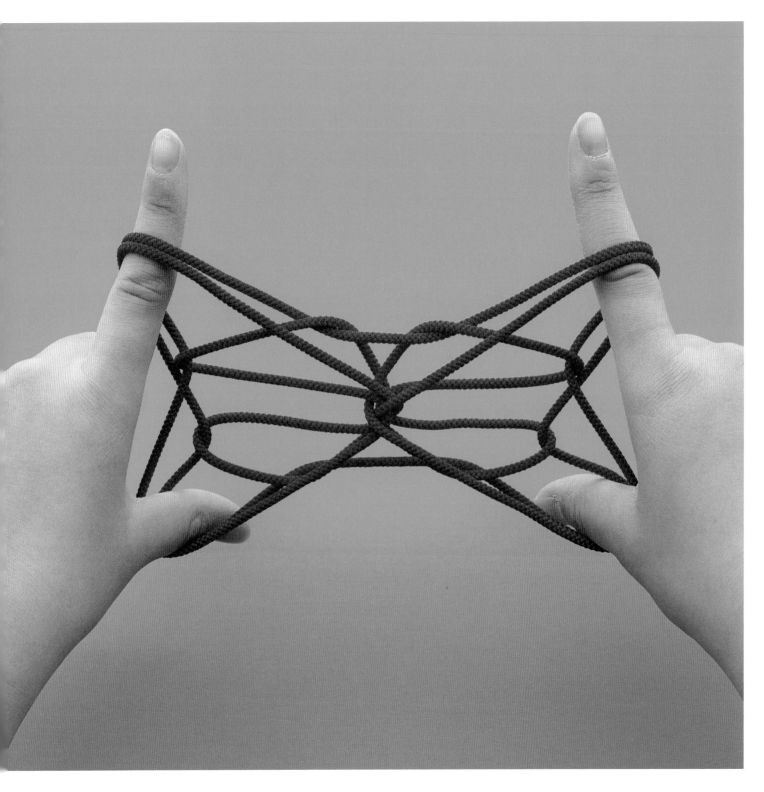

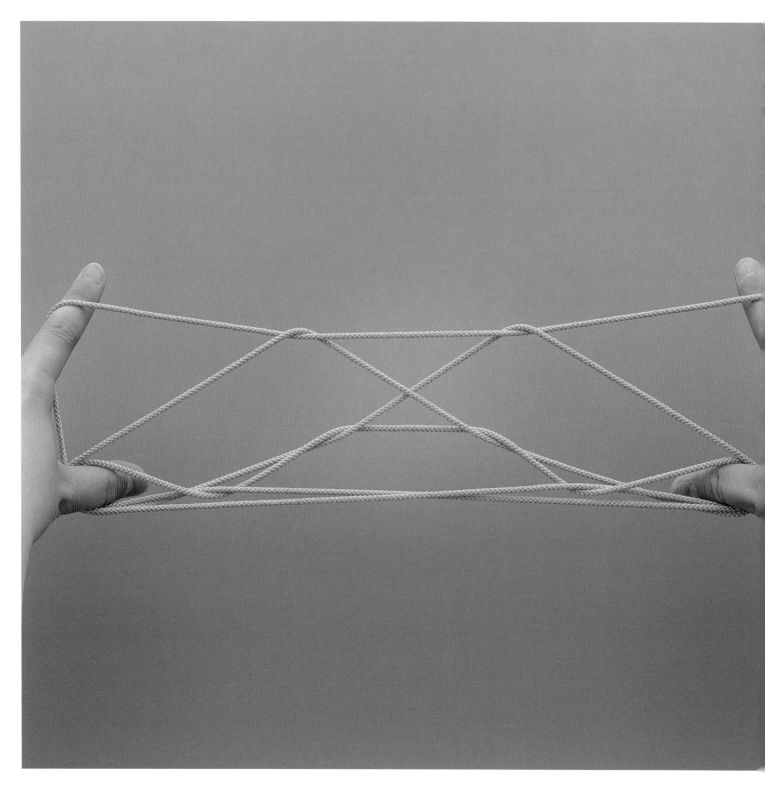

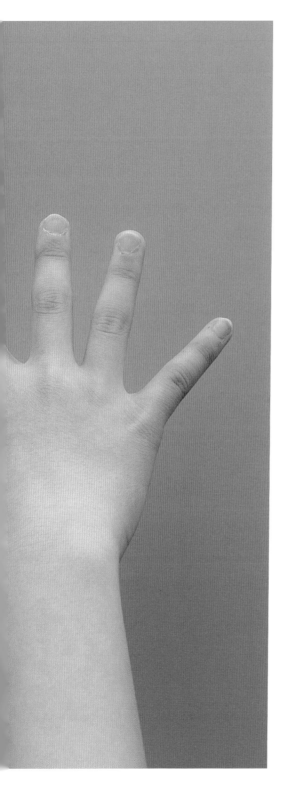

山のトンネル
Tunnel

トンネルから今にも汽車が出てきそうですね。日本には山が多いせいでしょうか、トンネルのあやとりは子どもたちに人気があります。

出典 = T. Saito, *The Traditional String Figures of Japan*, Buletin of the ISFA 11, 2004

ほうき A Broom →

次々と形が変化する代表的な日本の連続
あやとりです。主に左手を使ったとり方
で、かなり古くから伝えられています。

出典＝ T. Saito, *The Traditional String Figures of Japan*,
Buletin of the ISFA 11, 2004

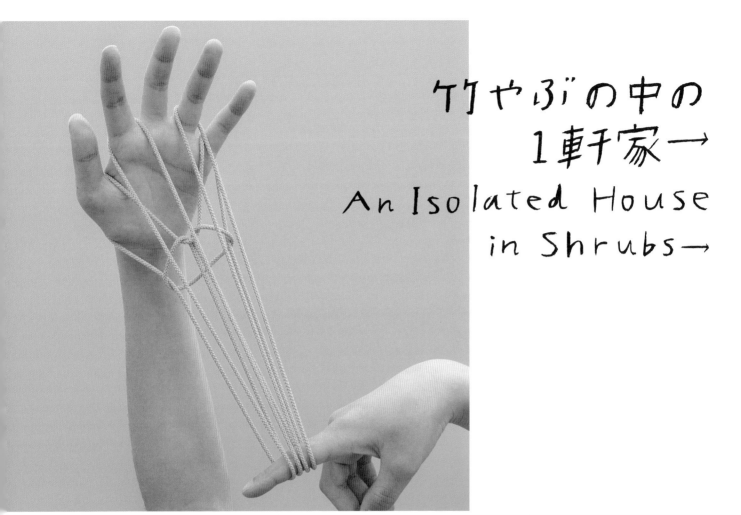

竹やぶの中の
1軒家→
An Isolated House
in Shrubs→

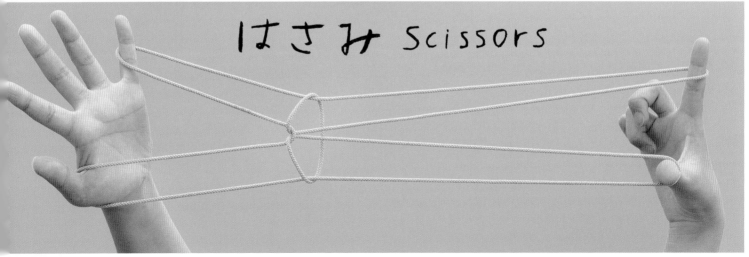

はさみ Scissors

もちつき
Pounding Mochi

日本の昔の年末風景を表したふたりあやとりです。とり方は簡単ですが、「ぺったん、ぺったん」と手を合わせてとり合う、とても楽しいスキンシップのあるあやとりです。

出典= T. Saito, *The Traditional String Figures of Japan,* Buletin of the ISFA 11, 2004

連続ひとりあやとり
Solo Cat's Cradle

田んぼ A Field to Cultivate Rice →

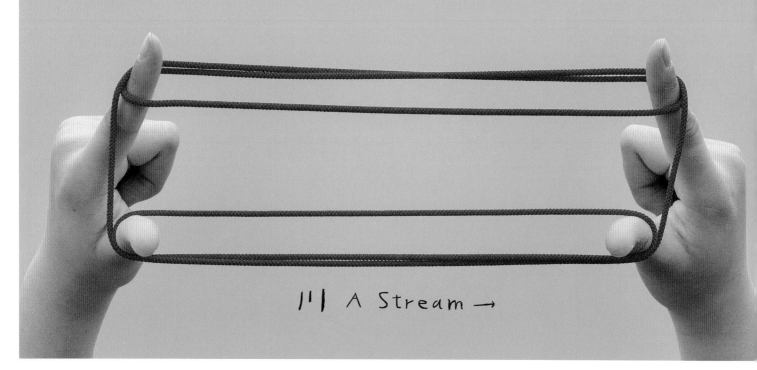

川 A Stream →

鼓
A Japanese Hand Drum

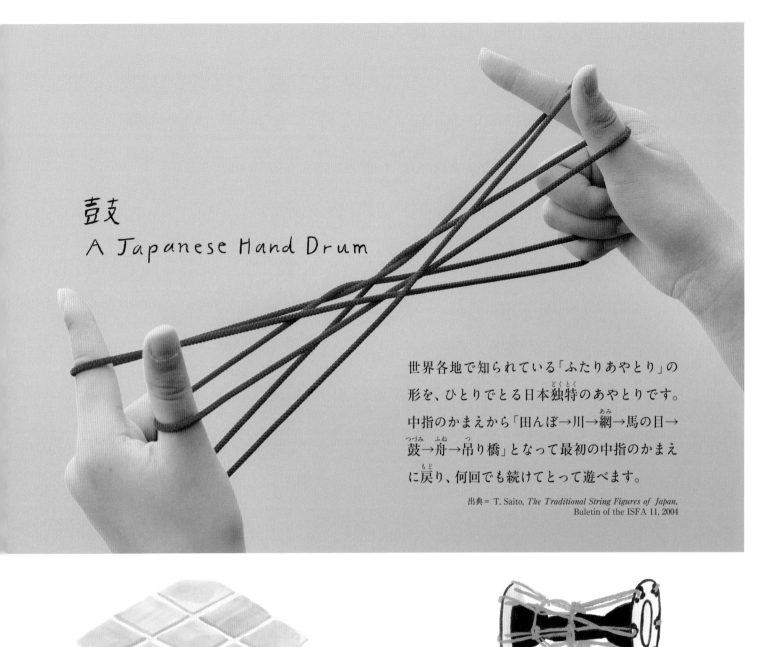

世界各地で知られている「ふたりあやとり」の形を、ひとりでとる日本独特のあやとりです。中指のかまえから「田んぼ→川→網→馬の目→鼓→舟→吊り橋」となって最初の中指のかまえに戻り、何回でも続けてとって遊べます。

出典＝ T. Saito, *The Traditional String Figures of Japan*, Buletin of the ISFA 11, 2004

世界共通のあやとり

　私たちが日本のあやとりと思っているものの中には、
実は世界各地でとられているものが少なくありません。
地域によって呼び名はそれぞれ違いますが、完成形が同じだったり、
とり方までまったく同じものがいくつもあります。

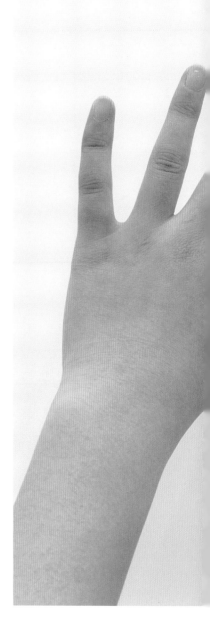

４段ばしご
Jacob's Ladder

この形は世界各地で最も知られているあやとりでしょう。呼び名は地域によって様々です。イギリスでは「ロンドンブリッジ」、オーストラリアでは「ハーバーブリッジ」、カナダでは「ケベックブリッジ」、アメリカでは「ヤコブのはしご」などと呼ばれていますが、日本では4つのひし形から「4段ばしご」と名づけられました。

［とり方 ▶ p.93］

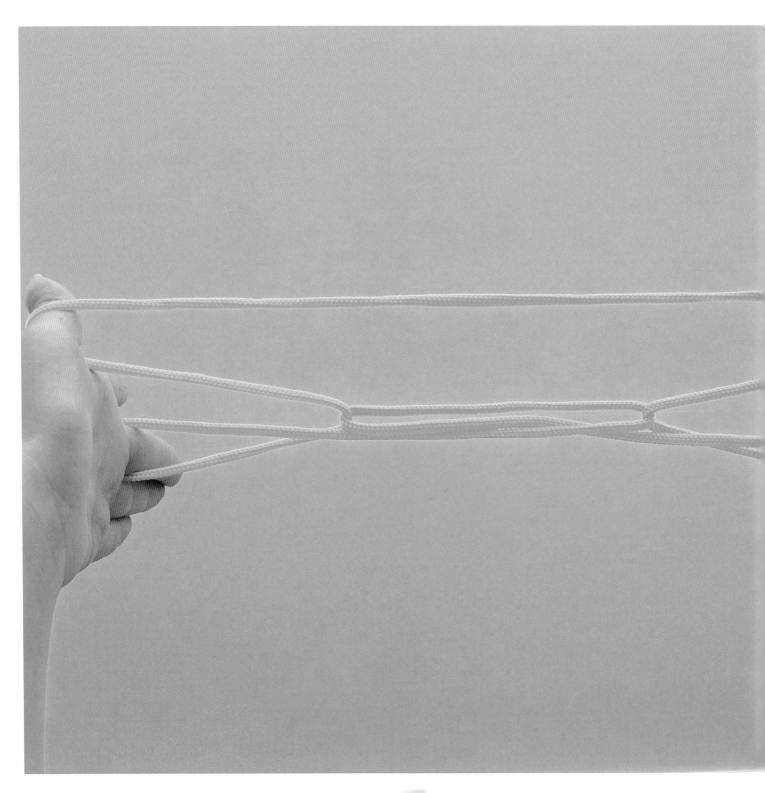

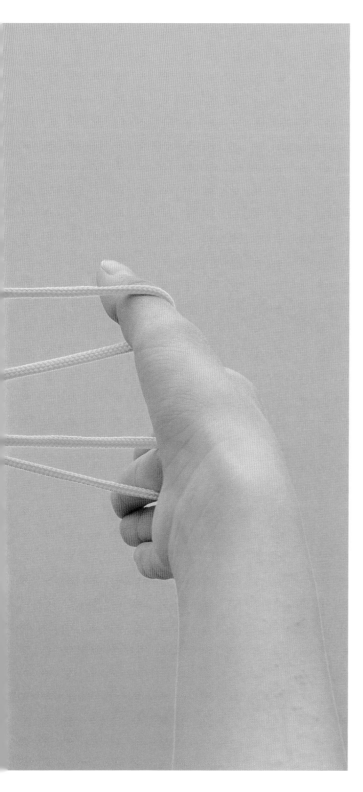

さかずき
The Cup and Saucer

同じ完成形が北米などでは「コーヒーカップ」、ニューカレドニアでは「椀つきカヌー」など、各地で様々な呼び名があります。手首を手前に倒すと呼び名も変わり、日本では「まくら」や「屋根」などと呼んでいます。

はたおり
Sewing Machine

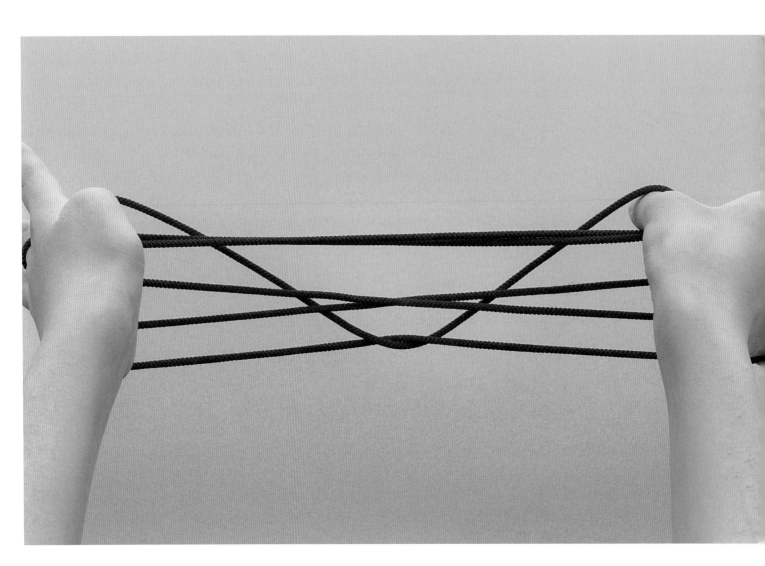

日本の家庭で「はたおり」が盛んな時代に作られたあやとり
でしょう。ギッコン・バッタンと動かして遊ぶ楽しいあやとり
で、スイスでは「ミシン」の名前で親しまれています。

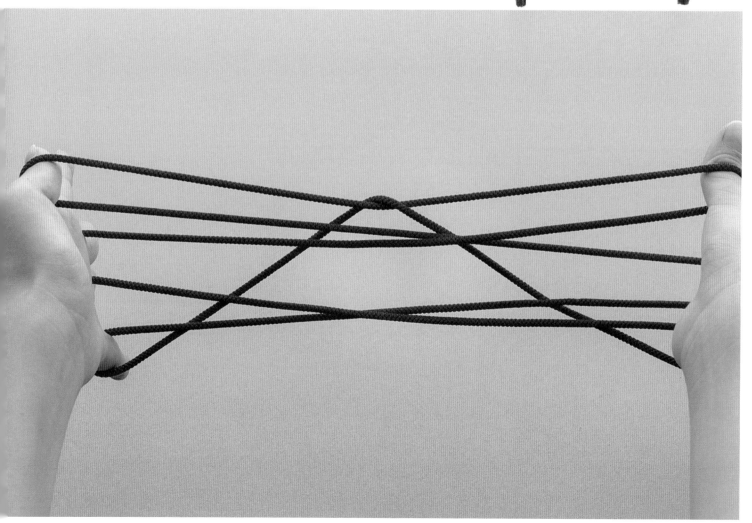

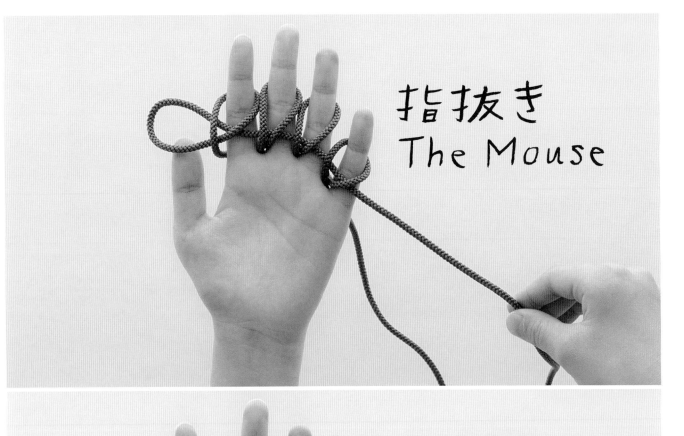

指抜き
The Mouse

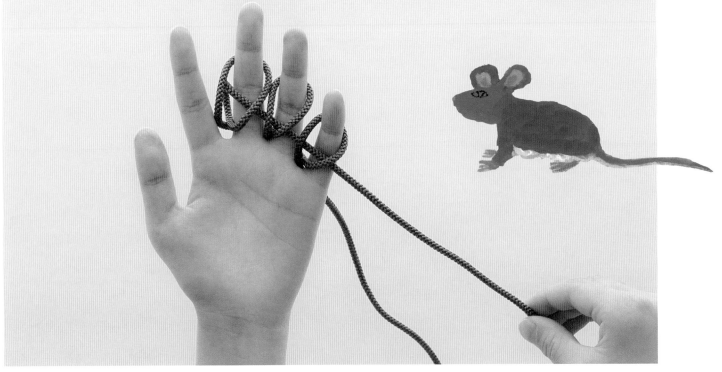

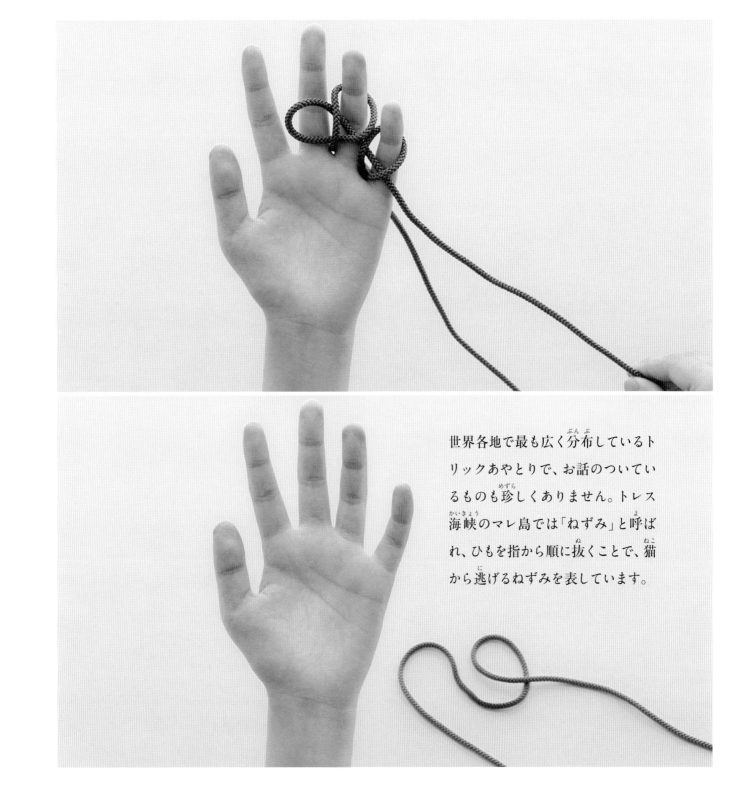

世界各地で最も広く分布しているトリックあやとりで、お話のついているものも珍しくありません。トレス海峡のマレ島では「ねずみ」と呼ばれ、ひもを指から順に抜くことで、猫から逃げるねずみを表しています。

7つのダイヤ
Night

ハワイでは「夜」、フィジーでは「朝」。オーストラリアでは「急流」と呼ばれています。完成形は同じですが、途中のとり方は違っています。

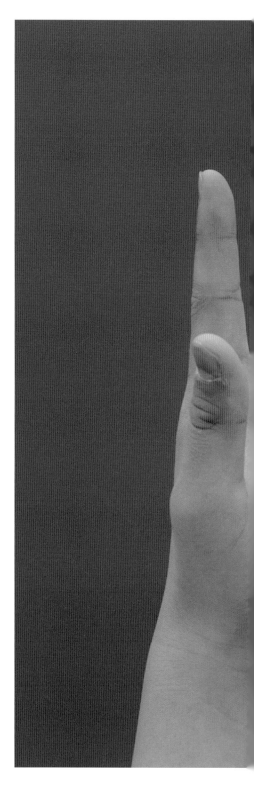

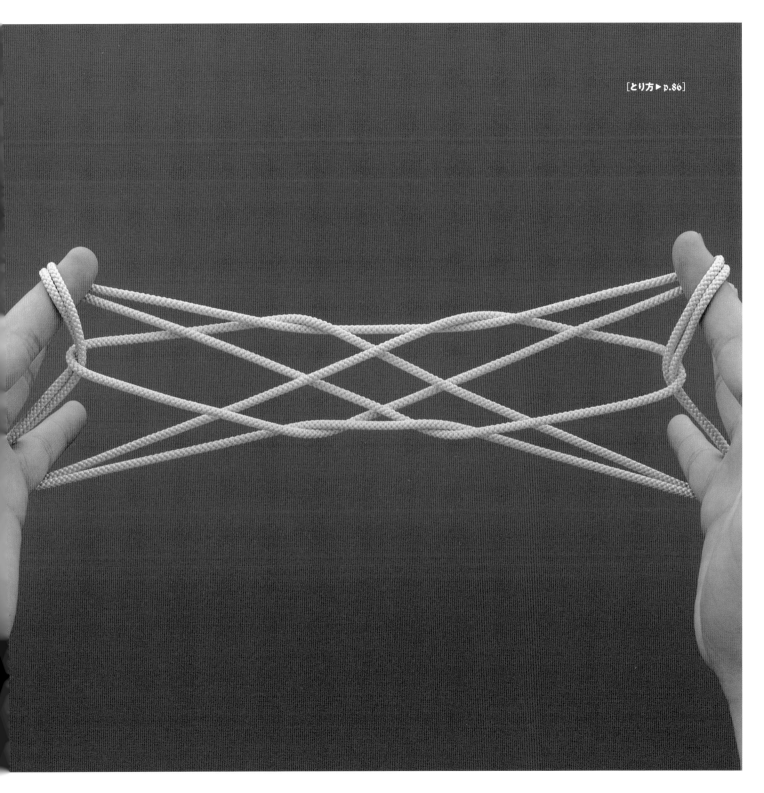

[とり方▶p.86]

パンパンほうき

［とり方 ▶ p.78］

とり方は簡単で、最後に両手をパンと叩くとパッとほうきが現れます。同じ形がソロモン諸島では「魚の槍」、カナダでは「テント」、グリーンランドでは「投げ槍」、アラスカでは「鴨猟の槍」、ペルーでは「木」などと呼ばれています。

A Fish-Spear

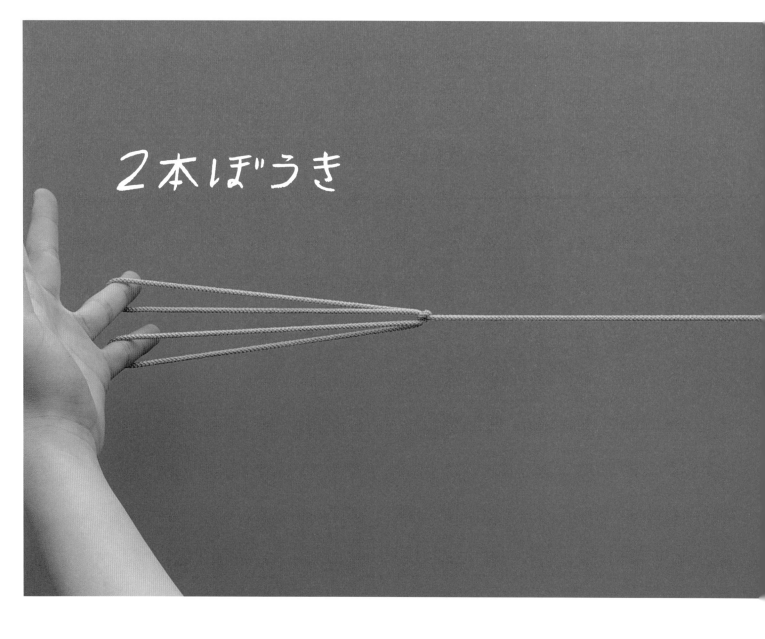

2本ぼうき

世界中で同じ形のあやとりがたくさんあります。イギリスのスコット
ランドでは「つながれたロキールの (4頭の) 犬」、北アメリカのナバホ族
には「ふたつのホーガン (ナバホ族の伝統住居)」などと呼ばれています。

[とり方▶p.100]

The Leashing of Lochiel's Dogs

ふたりあやとり
Cat's Cradle

吊り橋→
A Suspension
Bridge →

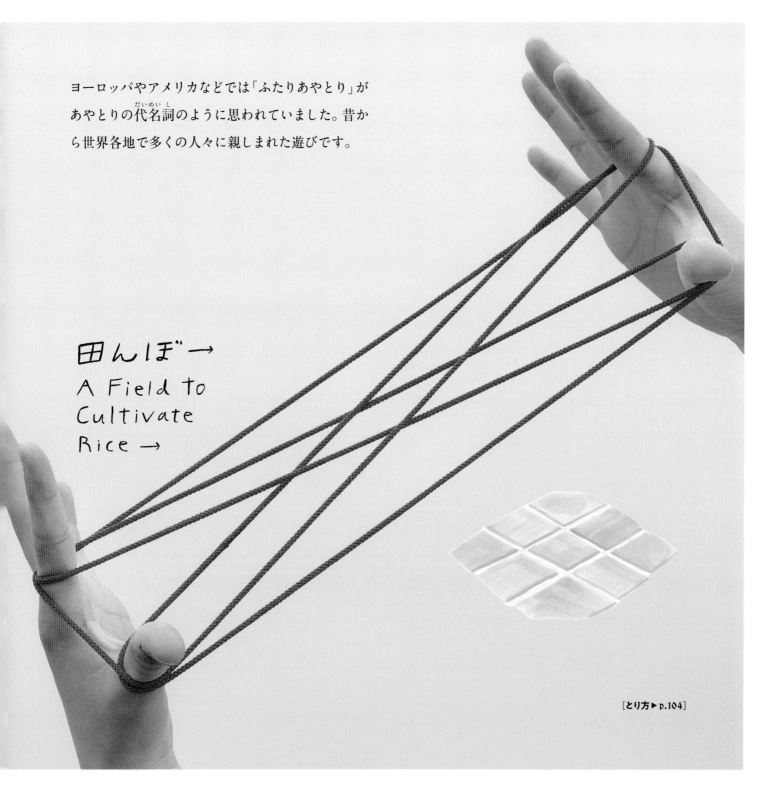

ヨーロッパやアメリカなどでは「ふたりあやとり」が
あやとりの代名詞のように思われていました。昔か
ら世界各地で多くの人々に親しまれた遊びです。

田んぼ→
A Field to
Cultivate
Rice →

[とり方▶p.104]

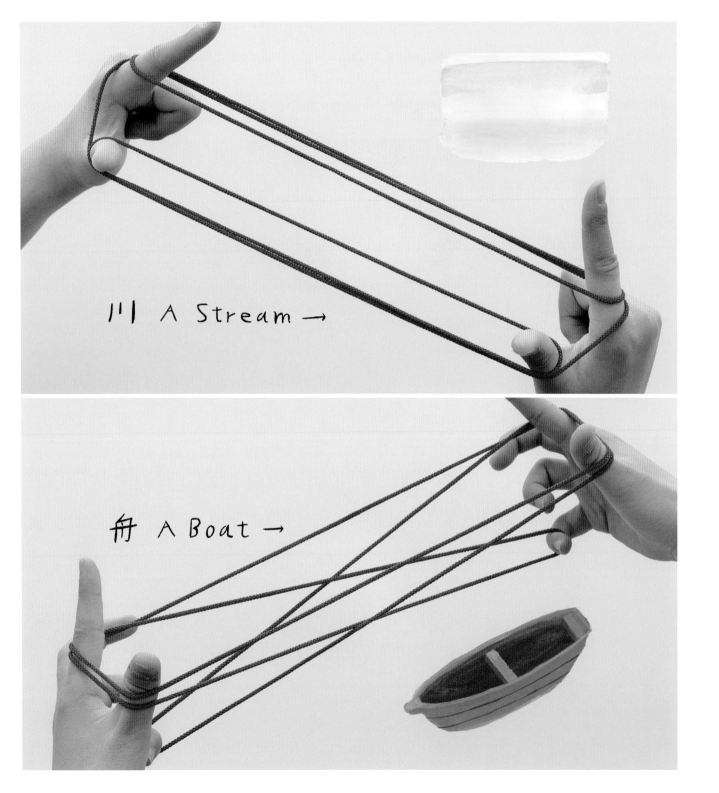

川 A Stream →

舟 A Boat →

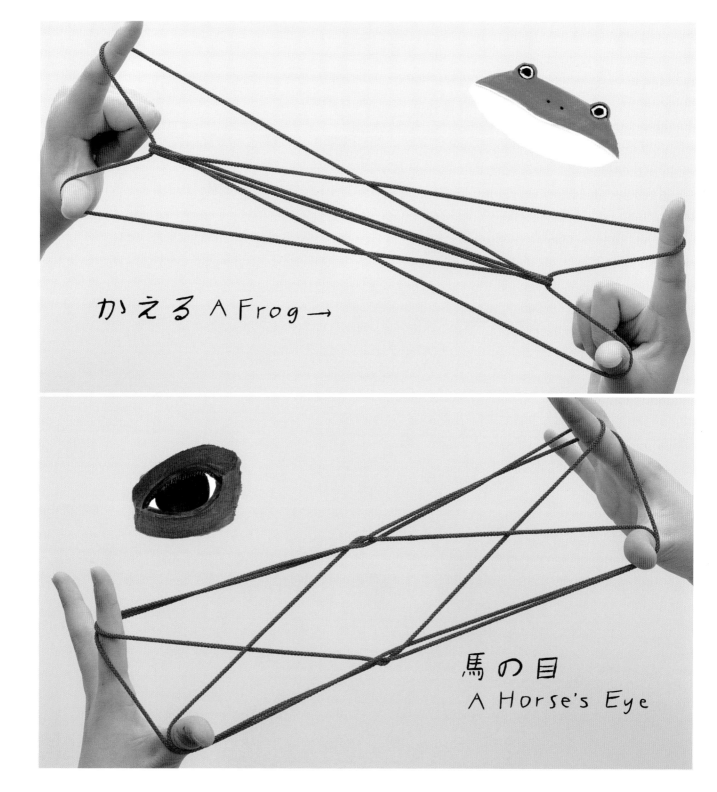

かえる A Frog →

馬の目
A Horse's Eye

アジアのあやとり

これまで、この地域のあやとりはあまり採集されていませんでした。

近年、国際あやとり協会の会員が、中国（チベット）や、インド、ビルマ（ミャンマー）などのあやとりを

調査報告するようになりました。人口の多い中国やインドでは、

将来新しいあやとりが見つかる可能性もあります。

また、韓国のあやとりは、日本に伝わり広がったものがあると言われていますが、

今後の詳しい調査が期待されます。

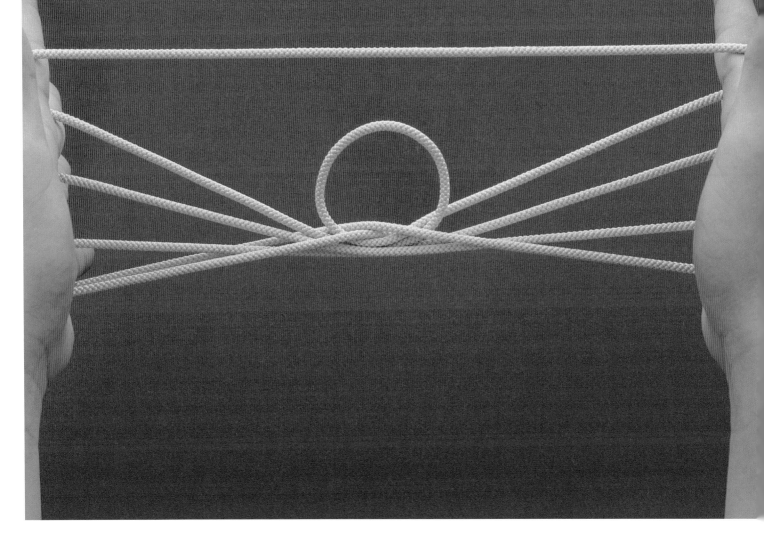

日の出 Sun

中国チベットのあやとりです。太陽が真ん中から昇っている様子を表しています。1997年、中国チベットのラサで、国際あやとり協会会員のW.ワートが採集しました。

出典 = W. Wirt, *String Figures from Chaina and Tibet*, 1997

ナツメの実
Jujube

中国のあやとりです。「ナツメの実」は古くから栽培されており、主にのどの痛みなど薬用として使用されていました。このあやとりもW. ワートが採集しました。

出典 = W. Wirt, *More String Figures from Chaina,* 2001

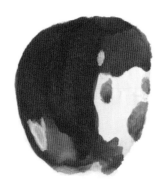

[とり方 ▶ p.90]

アフリカのあやとり

多種多様な文化が存在するアフリカ大陸には、
大胆なとり方をするユニークなあやとりが数多く存在します。
20世紀初頭、W. A. カニングトンや A. C. ハッドンなどがこの地域を調査し、
色々なあやとりを採集しました。ダイナミックな風景を表したあやとりや
動物のあやとりが多く見られます。

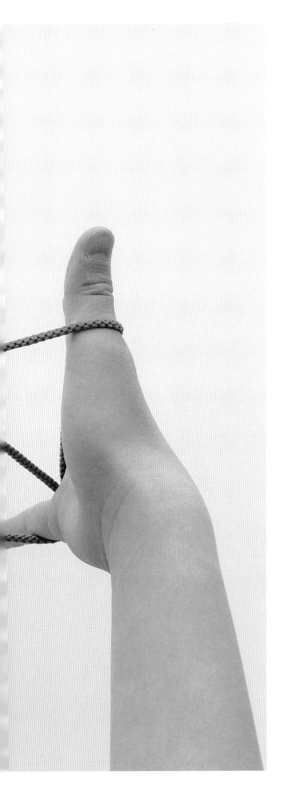

[とり方 ▶ p.80]

バトカ峡谷
The Batoka Gorge

ジンバブエのあやとりです。1905年 A. C. ハッドンが現地（げんち）の住民から採集（さいしゅう）しました。ザンベジ川流域（りゅういき）にある3つの山の下を谷川が流れているという峡谷（きょうこく）の雄大（ゆうだい）な風景を表しています。

出典＝ A. C. Haddon, *String Figures from South Africa*, 1906

草ぶきの小屋
A Temporary Grass Hut

ザンビアのあやとりです。1904年にイギリスの動物学者 W. A. カニングトンが採集しました。村人が儀式などで集まるときに使われる、干し草などで作られた仮の住居を表しています。

出典 = W. A. Cunnington, *String Figures and Tricks from Central Africa*, 1906

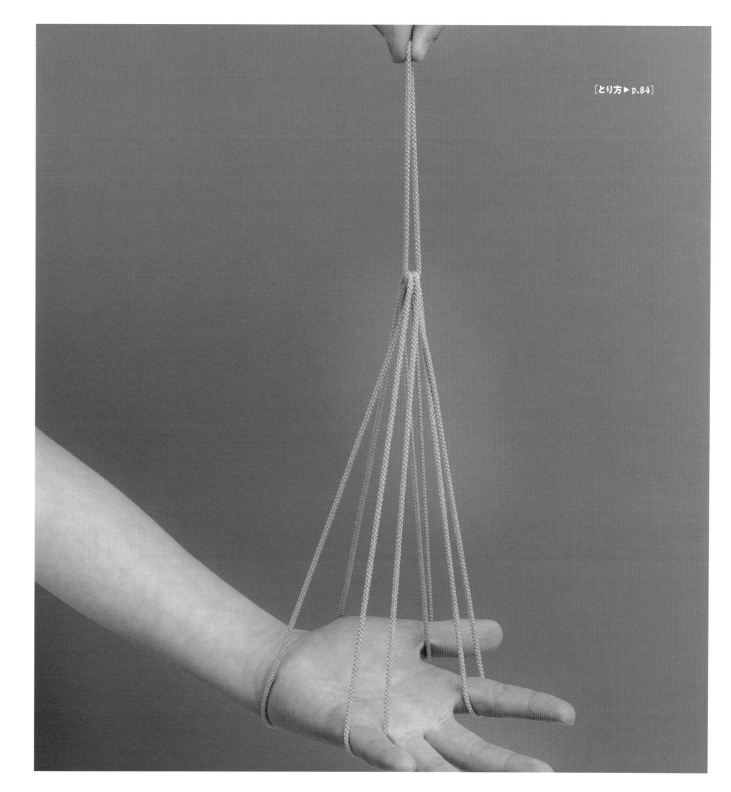

［とり方▶p.84］

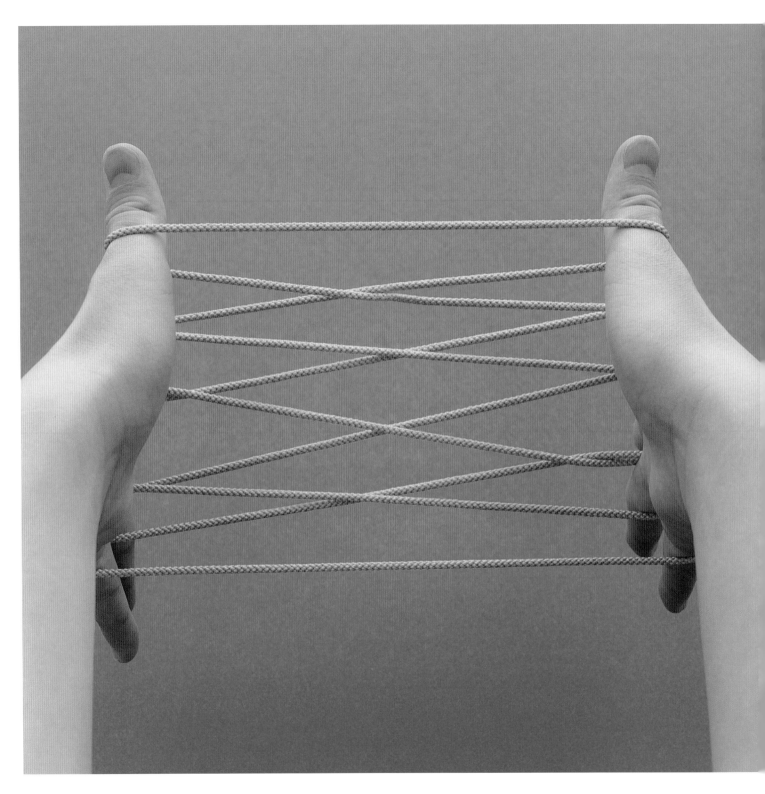

［とり方▶p.96］

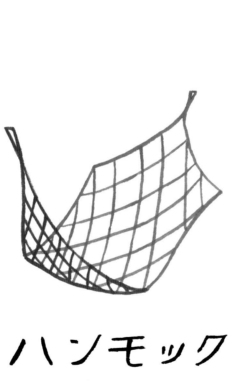

ハンモック
A Hammock

タンザニアのあやとりです。同じ名前のあやとりがハワイにもありますが、
完成形は全く違います。(『オセアニアのあやとり 2』p. 14)

出典 = J. Hormell, *String Figures and Tricks from Sierra Leone*, liberia and Zanzibar, 1930

蛾 A Moth

南アフリカのあやとりです。20世紀初頭
南アフリカのズールー人の少女から採集
されましたが、彼女は完成形を眼鏡のよ
うに顔に当てたと言います。本(W. W. R. ボ
ール著)では「蛾」となっています。

出典 = W. A. Cunnington,
String Figures and Tricks from Central Africa, 1906

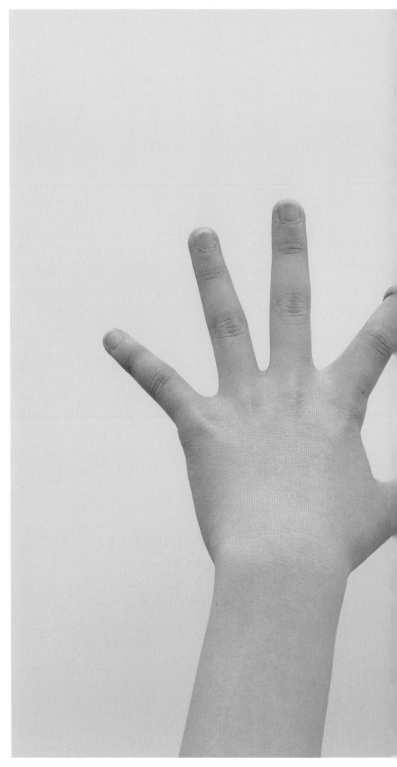

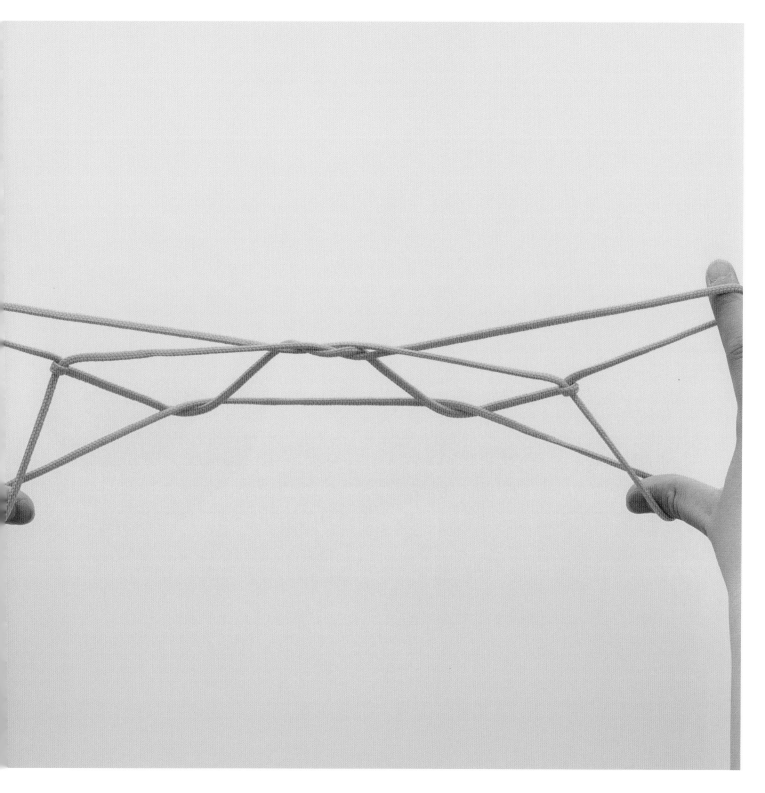

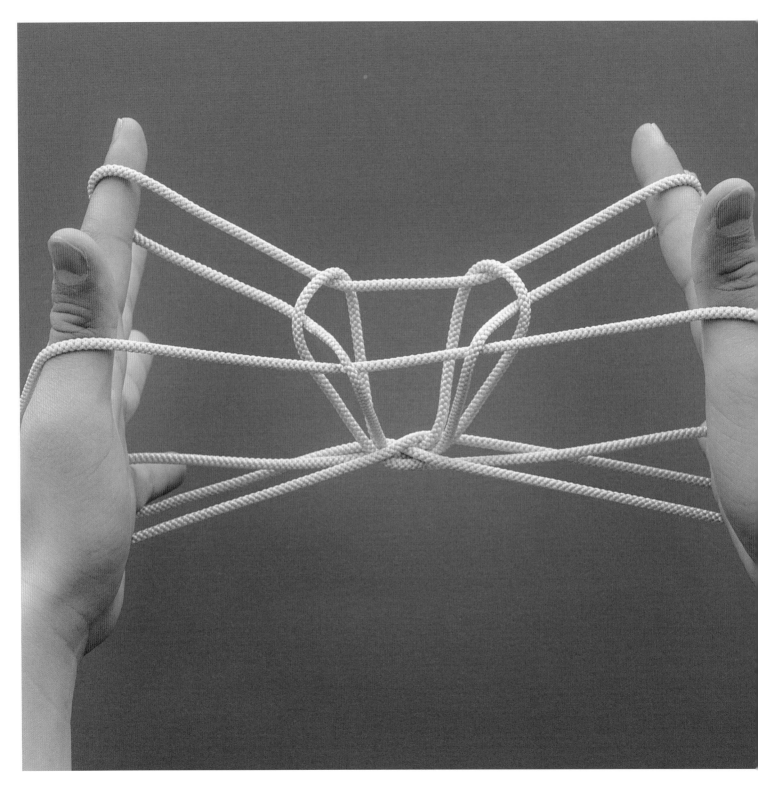

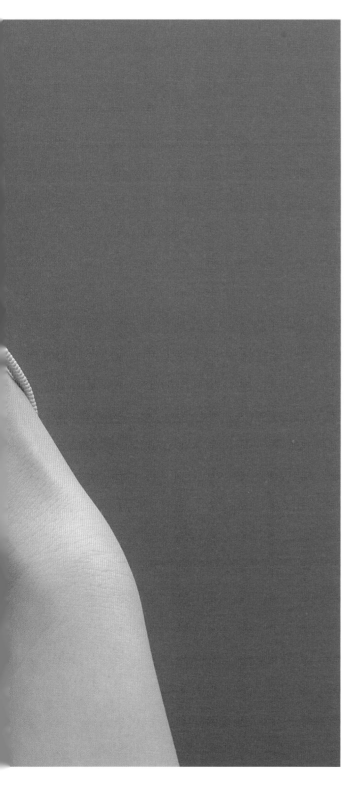

鳥の巣
A Bird's Nest

スーダン南西部の農耕民(のうこうみん)アザンデの人々のあやとりです。アメリカ、ナバホの人々にも同じ名前のあやとりがありますが、とり方や完成形が少し違(ちが)います。(『南北アメリカのあやとり』p. 24)

出典 = E. E. Evans-Pritchard, *Zande String Figures*, 1972

戦うライオン
Fighting Lions

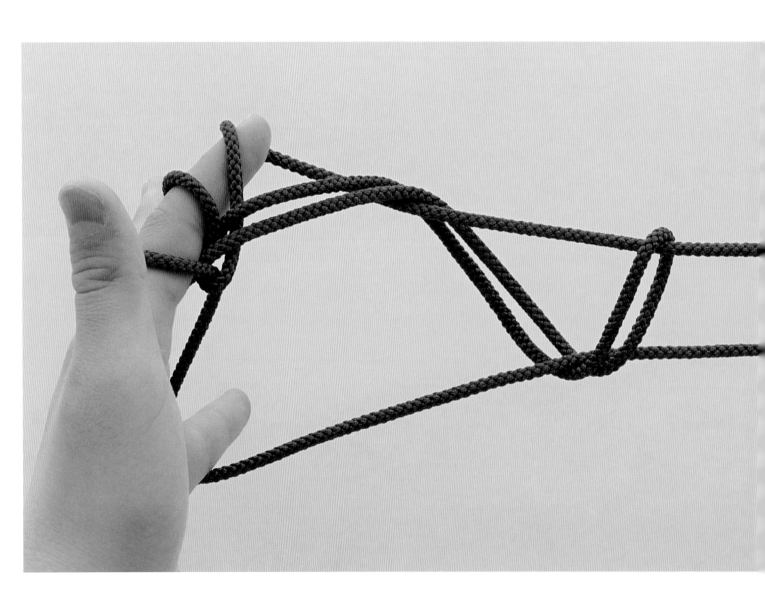

モザンビークのあやとりです。20世紀初頭に、アメリカのハーバード大学のW. M. デイビスが採集しました。シンプルな形ですが、2頭の雄のライオンが向き合ってうなり声をあげて飛びかかろうとする様子が描かれています。

出典＝K. Haddon, Cat's Cradles from Many Lands, 1912

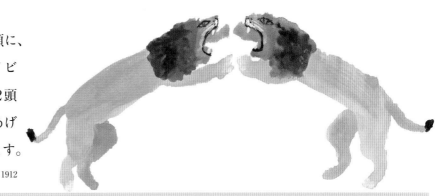

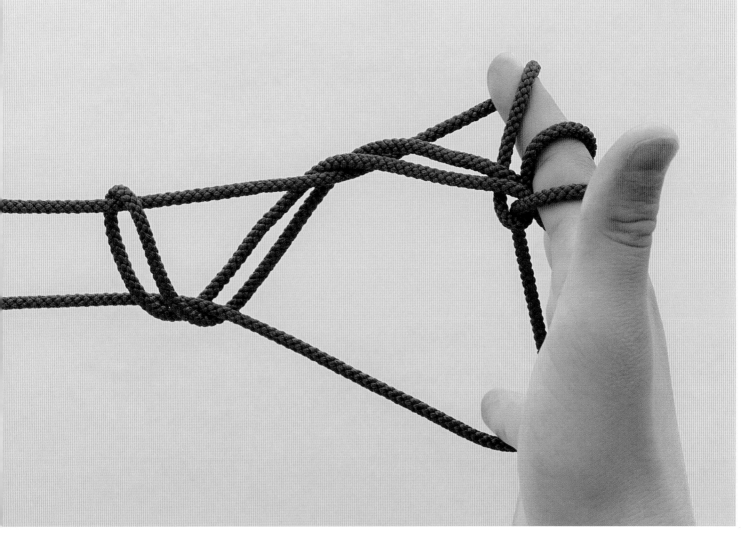

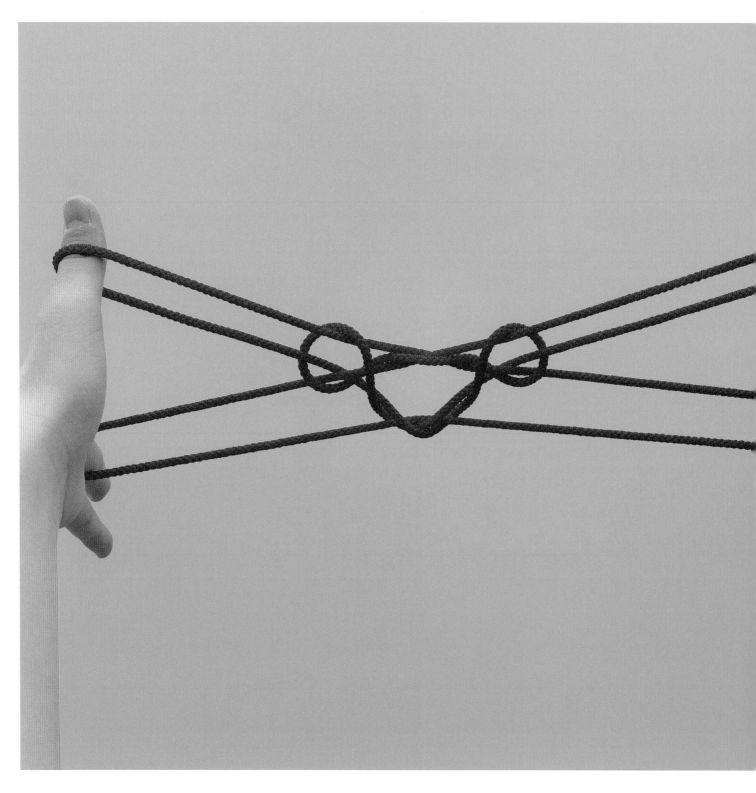

［とり方▶p.100］

ねずみの顔
Mouse Face

2000年に、ドイツのハノーバーで行われた万国博覧会でA. ライヒェルトが採集したナイジェリアのあやとりです。形がミッキーマウスに似ていませんか？

出典 = A. Reichert, Some *String Figures from Modern Africa*, 2000

65

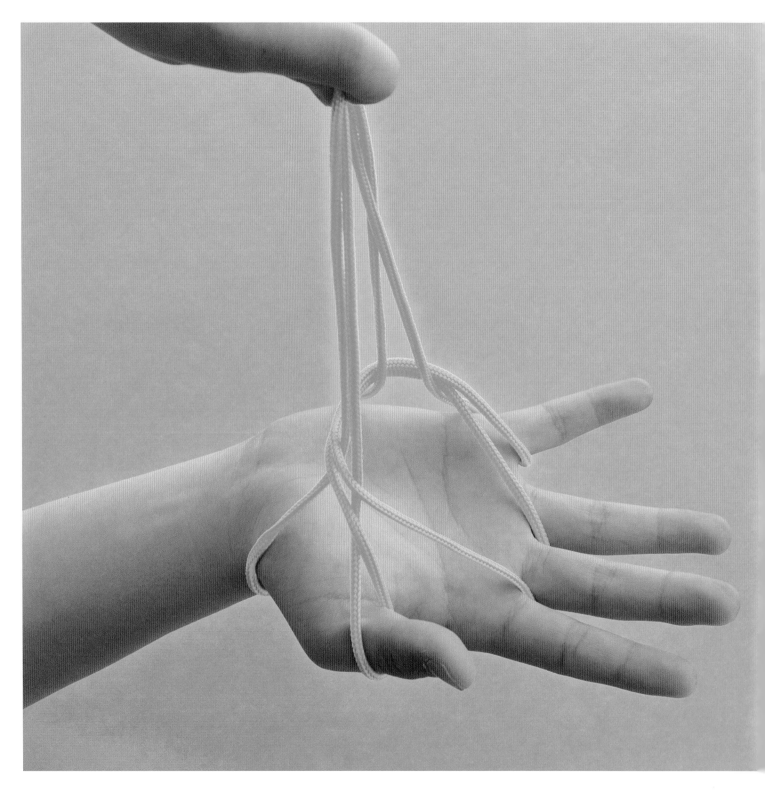

ゾウの足跡
（ゾウのかかと）
Elephant's Footprint

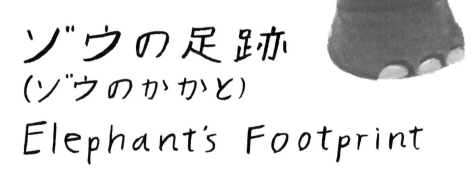

1993年に、G. S.キャンスデイルがガーナ人から採集しました。原名で
は「ゾウの足跡」となっていますが、大きな「ゾウのかかと」を思わせる
あやとりですね。

出典＝G. Cansdale, *Ghana String Figures*, 1993

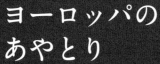

ヨーロッパの
あやとり

ヨーロッパでは、伝承あやとりが
ほんのわずかしか報告されていません。
しかし、近年では国際あやとり協会の会員として
ヨーロッパ出身の会員が数多く在籍しており、
スウェーデンやデンマークのあやとりも
紹介されるようになりました。

ろうそくの束→
Tallow Dips→

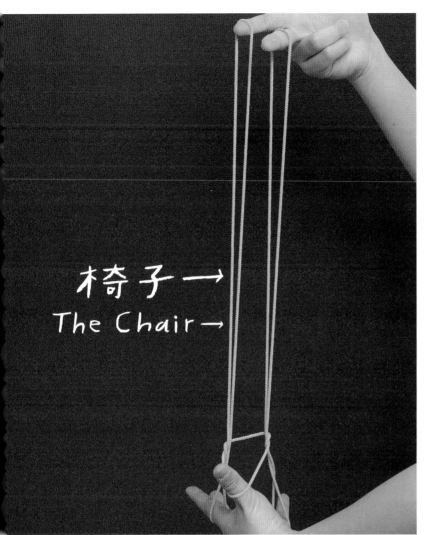

椅子→
The Chair→

イギリスでよく知られているあやとりです。
物語のついた連続あやとりで、最初に「ろう
そくの束」を作り、次に「椅子」となり、「は
さみ」から「王冠」となります。

出典＝C. F. Jayne, *String Figures and How to Make Them*, 1906

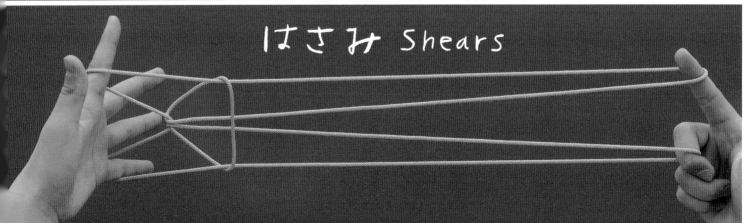

はさみ Shears

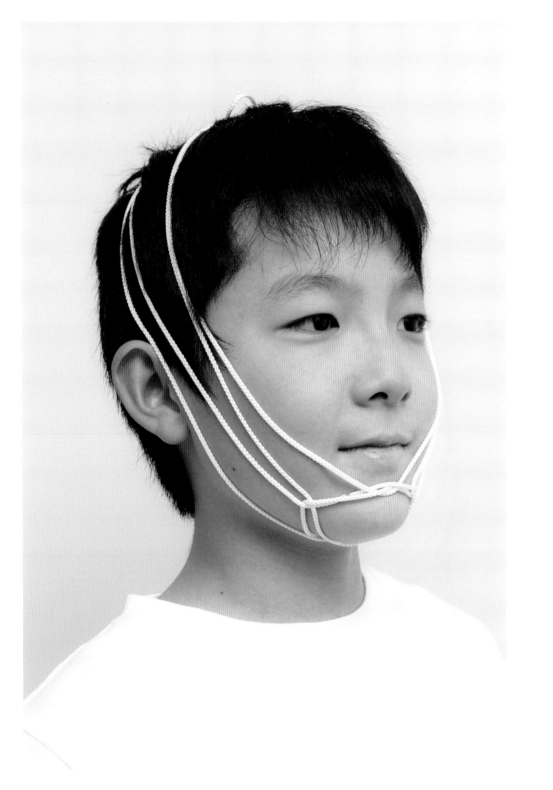

吊りほうたい
Plinthios Brokhos

紀元100年頃に、ギリシャのある医師が骨折の固定や患者を手術台に固定するために用いるひもの結び方について著した書物があります。この「吊りほうたい」もそこで紹介されたあやとりです。

出典 = D'Antoni, *Bulletin of The International String Figure Association*, Volum. 4

ふたりあやとり [p.44]

あやとりをするギリシャの少年たち

多くの人に親しまれてきた「ふたりあやとり」は、17世紀の日本や中国(清)の本にも出てくるため、東アジアが発祥の地と考えられてきました。しかし、近年中央アジアや西アジア(インド、ネパール、カザフスタンなど)でも知られていることが分かりました。また18世紀の欧米では「Cat's Cradle(ねこのゆりかご)」と呼ばれて広く遊ばれていましたが、その発祥地は未だ不明です。

「もちつき」を楽しむご夫婦

日本では江戸時代から明治、大正、昭和生まれの女性たちに300年以上も途絶えることなく愛され親しまれてきたあやとりです。今でも多くの子どもたちが「ふたりあやとり」を楽しんでおり、ふたりが向かい合って次々と形を変えながらとり合う楽しさは、格別なものがあります。とり方は地域によって多少異なり、ひとつひとつの呼び名も様々で、例えば東北地方では「田んぼ」と呼んでいる形を、東京では「油揚げ」、またある地域では「網」などと、その地域の人にとって身近なものの名前がつけられていました。

ふたりでとるあやとりで、日本や外国で同じようなとり方をするものは他にも幾つかあります。日本で「もちつき」と呼ばれているあやとりは、欧米で「のこぎり」と呼ばれているあやとりによく似ています。国際あやとり協会が主催する「新年あやとり会」では、毎年この「もちつき」のあやとりをとり合ってから講習会を始めていますが、簡単なあやとりながら、スキンシップのある楽しいあやとりです。

第2章
とってみよう

ここでは、1章で紹介したアジア・アフリカ・ヨーロッパのあやとりの中から、12のあやとりのとり方を説明します。日本のあやとりとは違ったはじめ方をするものもあるので、まずは「あやとりの基本」のページをよく読んで、初級、中級、上級とレベルアップしていきましょう。

あやとりの基本

あやとりひもについて

ひもの種類と選び方

暮らしの中にある、身近なひもを使って、手軽に楽しむことができるのが、あやとりの大きな特徴です。

素材 家にある、タコ糸や太めのひもなどを、輪にして楽しみましょう。おすすめは、太さ2〜3mmのナイロンなどの化繊のひもや、綿のひもなどで、100円ショップや手芸店で購入できるものもあります。値段が高く手に入りにくい欠点がありますが、絹のひもはとりやすく形もきれいにできます。

長さ ひもの長さは、とりたいあやとりに合わせて用意するのが理想的です。本書でとり方を紹介しているあやとりに関しては、おすすめの長さと素材を掲載しているので参考にしてください。

ひもを輪にする方法

結ぶ方法

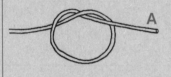

1
ひもの一方の端Aをゆるく結んで輪を作ります。

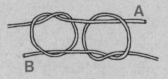

2
反対側のひもの端Bも同様の輪を作り、Aを中に通し、Bは1の輪に通します。

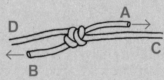

3
AとC、BとDのひもをそれぞれ一緒ににぎり、左右に引いて結び目を締め、余分なひもを切ればできあがりです。

接着する方法

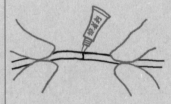

ひもの両端に手芸用の接着剤をつけて端をつなげます。しっかり固まるまでは、動かさないようにしましょう。3日間くらい乾かすと、じょうぶなあやとりひもになります。

ひものとり方と指の動かし方

あやとりでは、同じ位置のひもを同じ指でとっても、「下からとる」「上からとる」という指示でとり方がちがってきます。

下からとる

1 とるひも●の下から指を入れます。

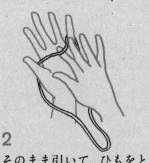

2 そのまま引いて、ひもをとります。

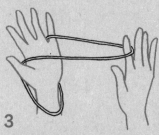

3 下からとったところです。

上からとる

1 とるひも●の上から指を入れます。

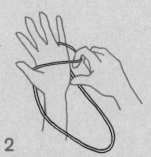

2 そのまま引いて、ひもをとります。

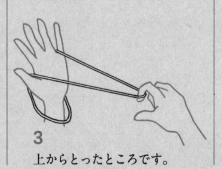

3 上からとったところです。

方向とひもの呼び方

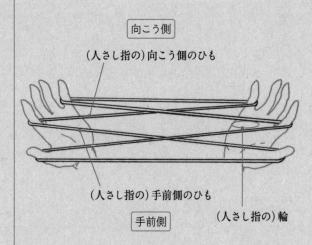

向こう側

（人さし指の）向こう側のひも

（人さし指の）手前側のひも

手前側

（人さし指の）輪

本書でのマークの意味

●○…とるひも、または目安になるひも

▼▽▲△…指を入れるところ

■□…はずすひも

◎◉…おさえるひも、または越すひも

◆◇…ナバホどり（p.77参照）

75

基本のかまえ

いろいろなあやとりに共通する、はじめの形があるので覚えておきましょう。基本は3種類です。本書では、これらの「かまえ」は、手順をはぶいています。

はじめのかまえ

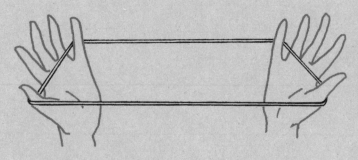

両手の親指と小指にひもをかけて、両手を向かい合わせた形が「はじめのかまえ」になります。

人さし指のかまえ

1
はじめのかまえから、右の人さし指で左の手のひらのひもを下からとります。

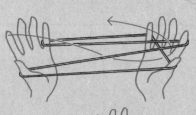

2
とったところ。左の人さし指で、右の人さし指の前を通るひもを下からとります。

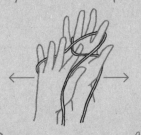

3
とっているところ。そのまま両手を左右に開きます。

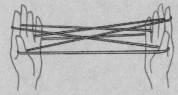

4
この形が「人さし指のかまえ」になります。オセアニアのあやとりに多く使われるかまえです。

中指のかまえ

1
はじめのかまえから、中指で、「人さし指のかまえ」と同じ様にひもをとります。

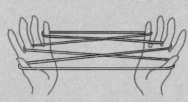

2
この形が「中指のかまえ」になります。

特徴的なとり方

ナバホどり　　1本の指に2本以上のひもがかかっているときに、◇のひもを外さずに、◆のひもだけを外すとり方です。アメリカ南西部の先住民ナバホ族のあやとりに多く使われていることから名づけられました。

はじめのうちは……

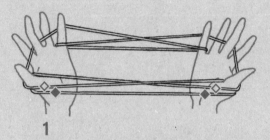

1
左を外すときは右手で◆をもち、◇を
越すようにして外します。

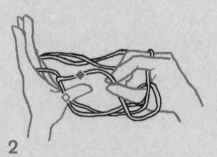

2
右側は手をかえて、同様に行います。

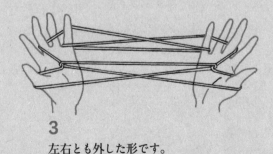

3
左右とも外した形です。

慣れてきたら……

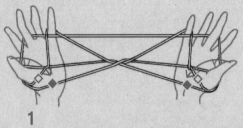

1
親指で前を通るひも◇を押さえます。

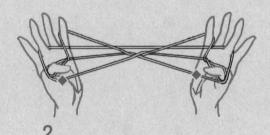

2
外側のひも◆が外れるように、親指を
下げます。

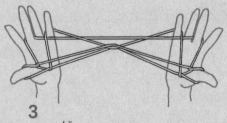

3
親指を戻すと、外した形になります。

パンッと手をたたくと「ほうき」が現れる!

パンパンほうき ▶ p.40

A Fish-Spear

とりやすいひも ●素材：アクリル、綿　長さ：140〜160cm

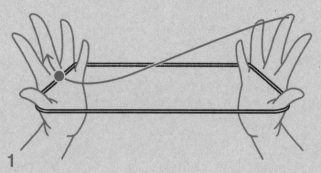

1
はじめのかまえ (p. 76) からはじめます。右中指を、左手のひらのひも ● に、下から入れます。

2
右中指を、手前・下側に向けて、ひも ● をねじりながらとります。

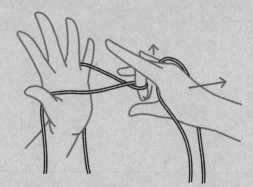

3
右中指を、向こう・上側に向けながら、両手を左右に開きます。

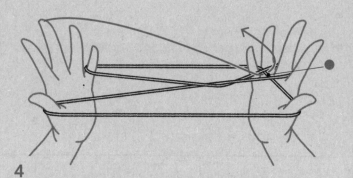

4
左中指で、右中指の前を通るひも ● を、下からとります。

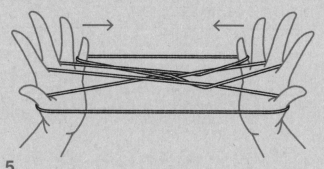

5
パンッと両手のひらを合わせます。

78

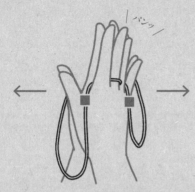

6

左右に両手を開くときに、右親指と小指を少した
おして、すばやくひもを外します。5、6は続けて
行いましょう。

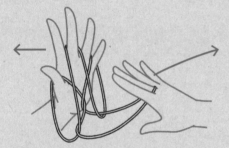

ひもを外したら、
両手を左右に開
きます。

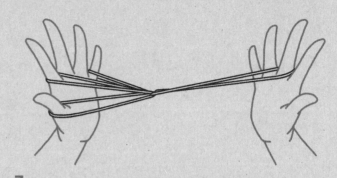

7

「パンパンほうき」のできあがりです。

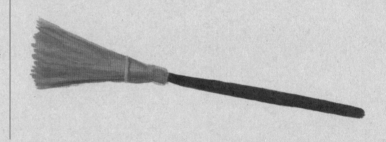

できあがり

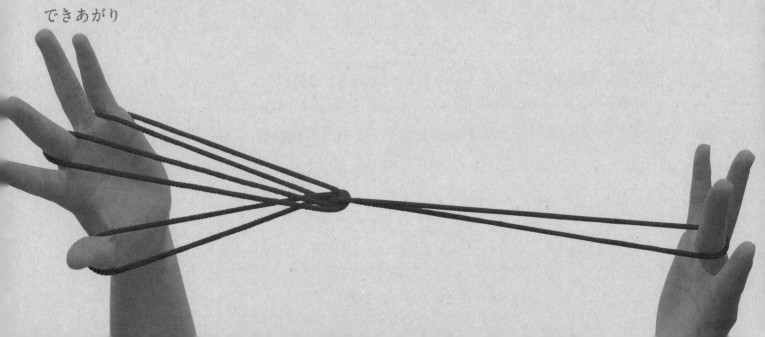

指にひもをかけるのは、親指と小指だけ

バトカ峡谷 ▶ p.52

The Batoka Gorge

とりやすいひも ●素材：アクリル、綿　長さ：160〜180cm

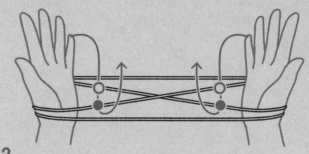

2
小指で、中央で交差しているひも2本●と○を、
下からとります。

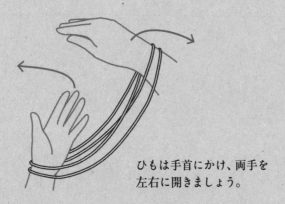

1
右手のひらを下に向
け、輪がねじれない
ようにひもをのせた
ところからはじめま
す。左手を、2つの輪
▲に、手前側から入
れ、両手のひらを向
かい合わせて左右に
開きます。

ひもは手首にかけ、両手を
左右に開きましょう。

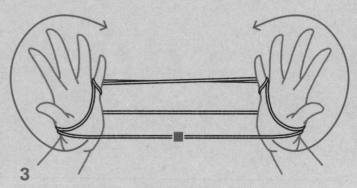

3
手首の手前側のひも■を、小指の向こう側に外し
ます。

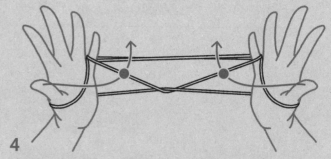

4
親指で、小指から斜めに出ているひも●を、下か
らとります。

5

親指の下側の、手の甲にかかっているひも■を、
他の指を越えて手のひら側に外し、両手を左右に
開きます。

反対側の手で外すと
よいでしょう。

外した形。そのまま
両手を開きます。

6

指先を向こう側に向けると、「バトカ峡谷」のでき
あがりです。

できあがり

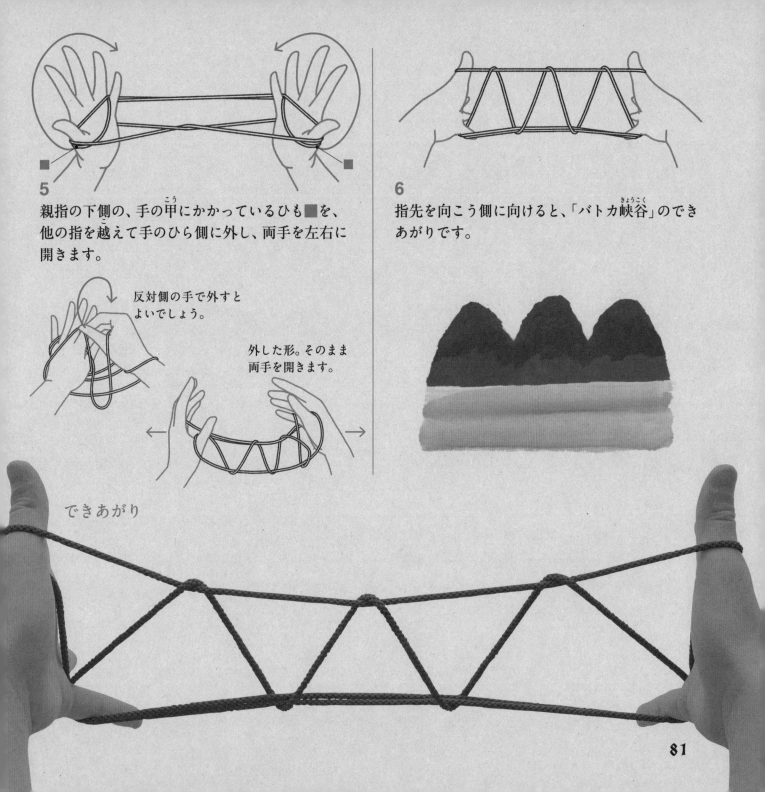

指を開くと、立派な富士山が現れます

富士山 ▶ p.6
Mt. Fuji

とりやすいひも●素材：アクリル、綿　長さ：160〜180cm

1
左の親指と小指にひもをかけて、右手で輪を下からにぎったところからはじめます。右手を手前側にひねります。

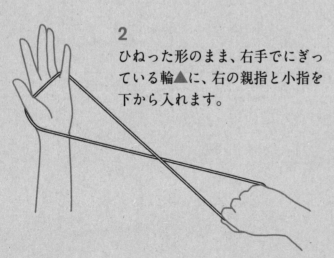

2
ひねった形のまま、右手でにぎっている輪▲に、右の親指と小指を下から入れます。

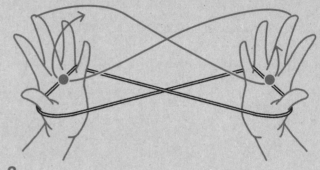

3
中指で、左右反対側の手のひらに通るひも●を、下からとります。

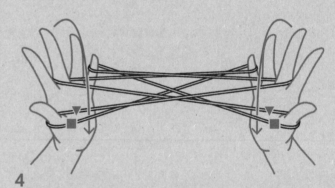

4
人さし指から小指の4指を、親指の輪▼に、上から入れ、親指の手前側のひも■を、小指の向こう側に外します。

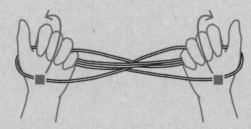

4指を輪▼に入れたところ。にぎった手を■の下にくぐるようにして、■を向こう側に外します。

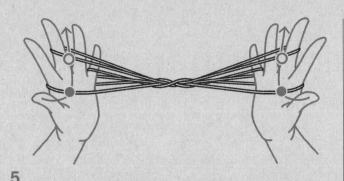

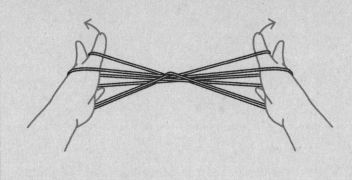

5
親指を、人さし指手前側のひも●と、中指手前側のひも○の向こう側に、下から入れ、指先を向こう側に向けます。

6
指を開き、親指を斜め外側に高く上げると……

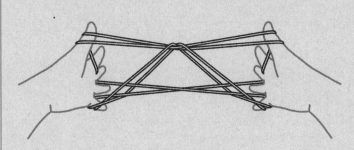

7
「富士山」のできあがりです。

できあがり

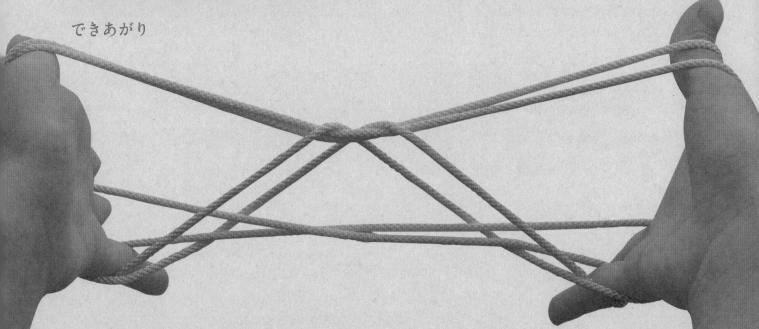

左手のひもを編んでいるとできあがります

草ぶきの小屋 ▶ p.54
A Temporary Grass Hut

とりやすいひも●素材：アクリル、綿　長さ：160〜180cm

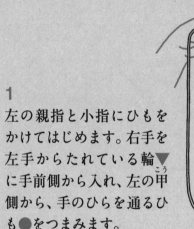

1
左の親指と小指にひもを
かけてはじめます。右手を
左手からたれている輪▼
に手前側から入れ、左の甲
側から、手のひらを通るひ
も●をつまみます。

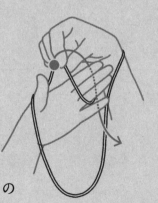

2
つまんだひも●を、左の
小指の向こう側から引き
出します。

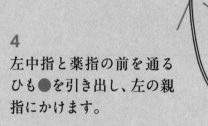

3
そのまま●を、左の人さし
指にかけて、右手をはなし
ます。ねじれないように気
をつけましょう。

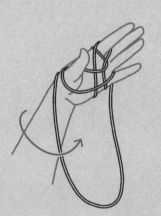

4
左中指と薬指の前を通る
ひも●を引き出し、左の親
指にかけます。

5
左手の甲を手前側に向け
ます。

84

6

左手の甲にかかっている、
上側のひも ● を、右手で
つまみ、手のひら側へ持
っていきます。

7

左手のひらを上に向けて
指を開き、左手を左右に
ゆらしながら右手を上に
引くと……

8

「草ぶきの小屋」のできあ
がりです。

できあがり

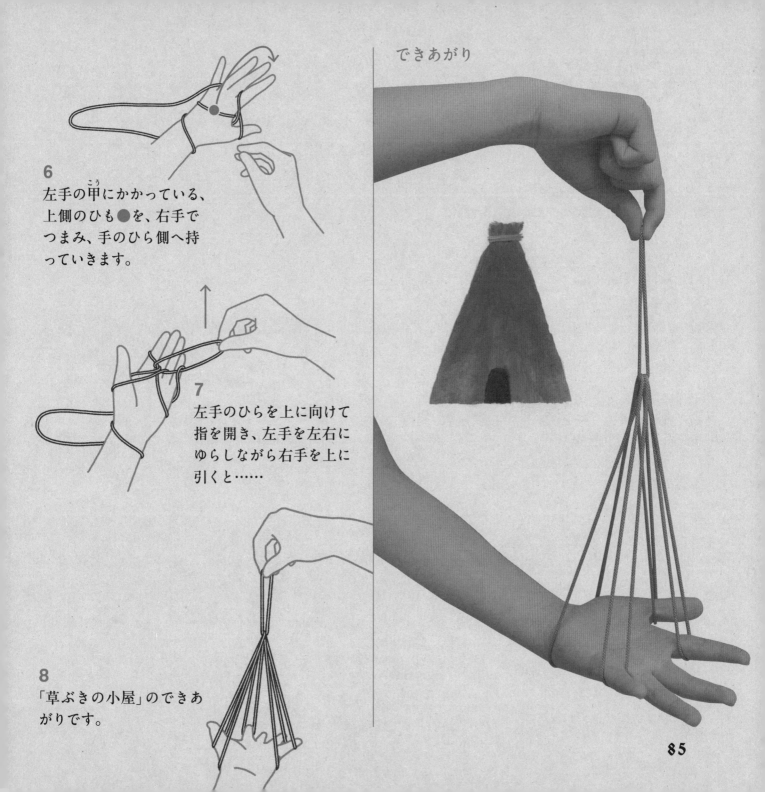

動きが単純だから覚えやすい

7つのダイヤ ▶ p.38

Night

とりやすいひも ● 素材：アクリル、綿　長さ：160〜180cm

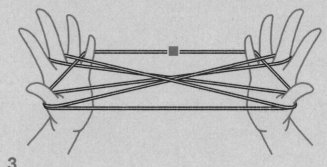

3

小指のひも■を外します。

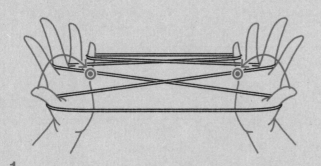

1

中指のかまえ (p. 76) からはじめます。親指で、中指手前側のひも ◉ を、上から押さえ、手のひらを少し向こう側に向けます。

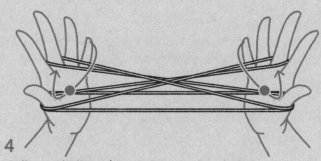

4

小指で、親指の向こう側のひも2本 ● を、下からとります。

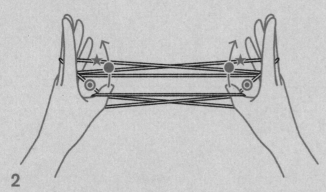

2

親指で、中指の向こう側のひも ★ の下から、小指手前側のひも ● を、下からとります。自然に1で押さえたひも ◉ は外れます。

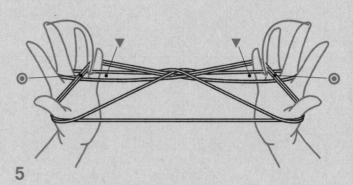

5

中指を▼に入れ、その前を通るひも2本 ◉ を、手のひらに押さえます。

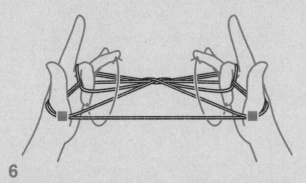

6

親指の2本のひも■を外しながら、中指を手前・上側に回します。

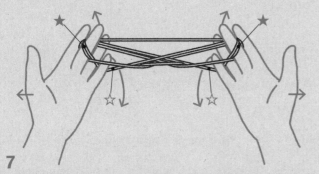

7

中指のひも2本★と小指のひも☆外れないように、指をしっかり広げ、両手を向かい合わせると……

8

「7つのダイヤ」のできあがりです。

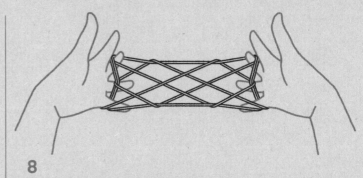

できあがり

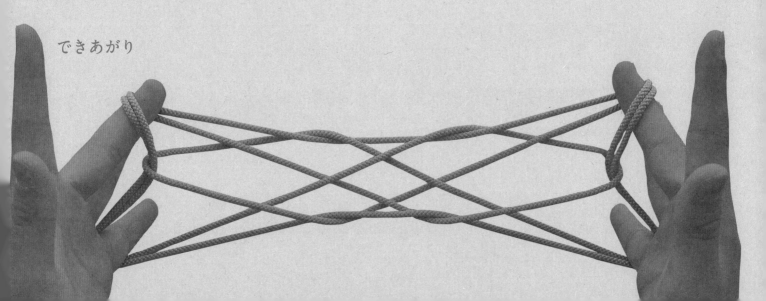

左右のバランスをとれば、きれいな形に

菊 ▶ p.12

A Chrysanthemum

とりやすいひも ●素材：アクリル、綿　長さ：160〜200cm

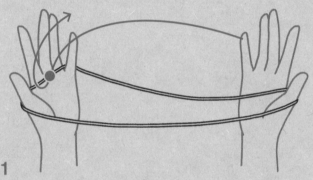

1

右手の親指と、左手の親指と小指にひもをかけて
はじめます。右小指で、左手のひらのひも ●を、
上から引っかけ、指先を手前・上側に回して、ひ
もをひねってとります。

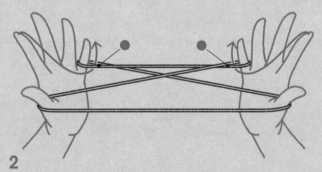

2

人さし指で、小指の手前側のひも ●を、下からと
ります。

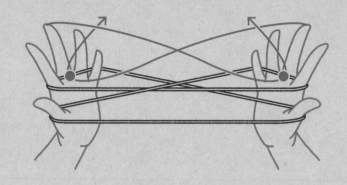

3

中指で、反対側の中指の前を通るひも ●を、下か
らとります。

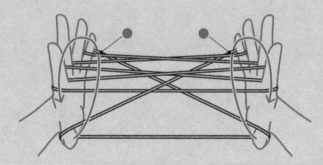

4

親指で、小指の向こう側のひも ●を、下からとり
ます。

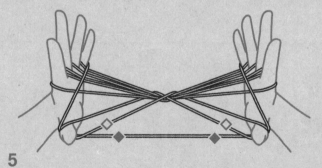

5

親指のひもをナバホどり (p. 77) します。◇を越し
て、◆を◇の外側から外しましょう。

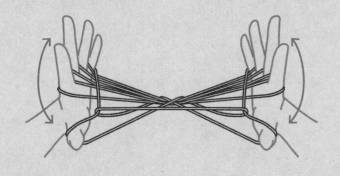

6
両手を左右に動かして、指にかかっていないひも
を中心に集め、結び目のようにします。

でき上がり

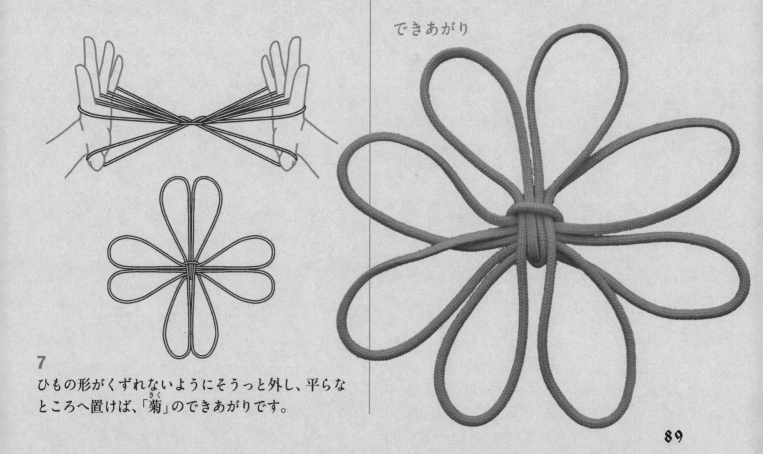

7
ひもの形がくずれないようにそうっと外し、平らな
ところへ置けば、「菊」のできあがりです。

実を食べるところまで続きます

ナツメの実 ▶ p.50

Jujube

とりやすいひも ●素材：アクリル、綿　長さ：160〜180cm

中
級

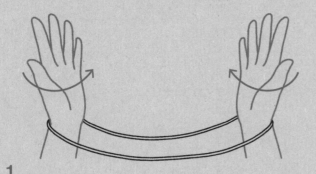

1

両手首にひもをかけてはじめます。手のひらを向
こう側に向けます。

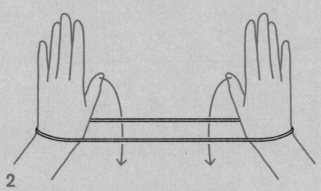

2

両手の親指と人さし指を開き、親指を、ひもの向
こう側で下に向けます。

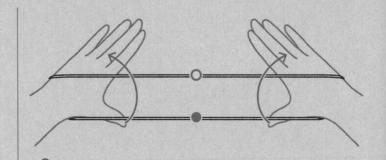

3

親指を、手前・上へと回して、手首のひも2本●と
○を、親指と人さし指の間にかけます。

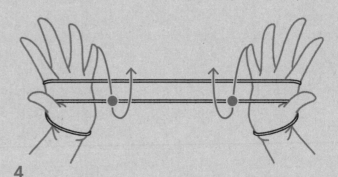

4

小指で、親指の向こう側のひも●を、下からとり
ます。

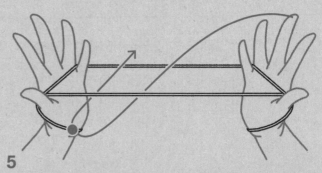

5

右中指で、左手首のひも●を、下からとります。

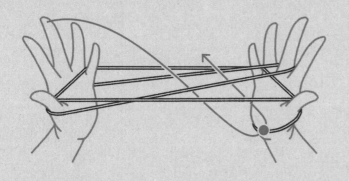

6
左中指で、右中指の輪の間から、右手首のひも●を、下からとります。

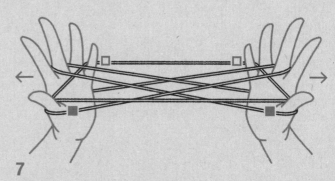

7
親指のひも■と、小指のひも□を外し、両手を左右にゆっくり開いていきます。

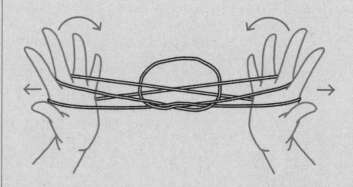

8
中央に輪が現れます。少しずつ引いて、輪が、奥側で交差する部分にちょうどおさまったらとめて、指先を向こう側に向けます。

つづく

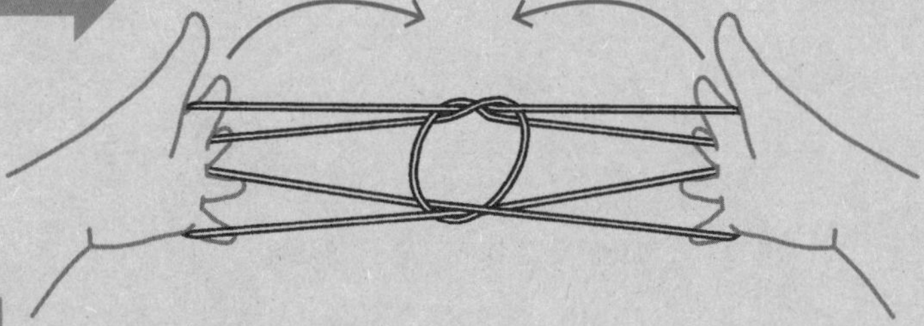

9

「ナツメの実」のできあがりです。
つづいて両手のひらを合わせます。

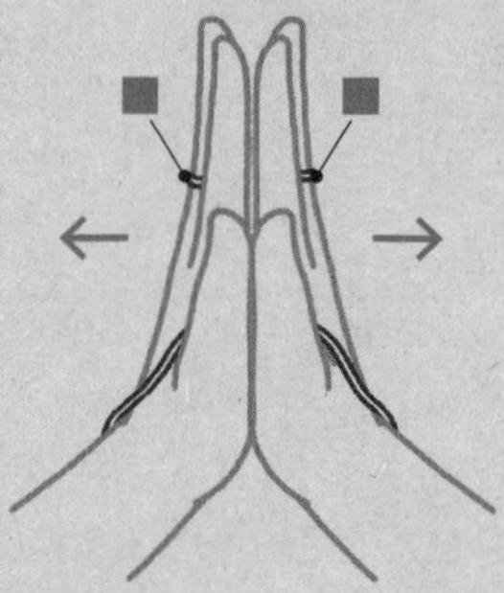

10

中指のひも■を外しながら、両手を左右に開くと
……

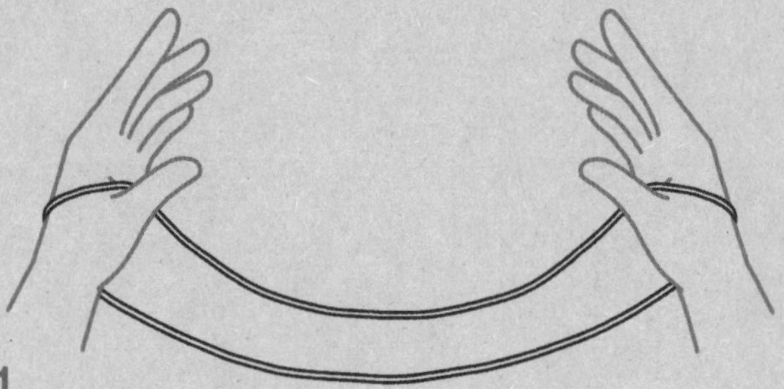

11

中央の実はなくなり、「だれかが
ナツメの実を食べちゃった〜」。

できあがり

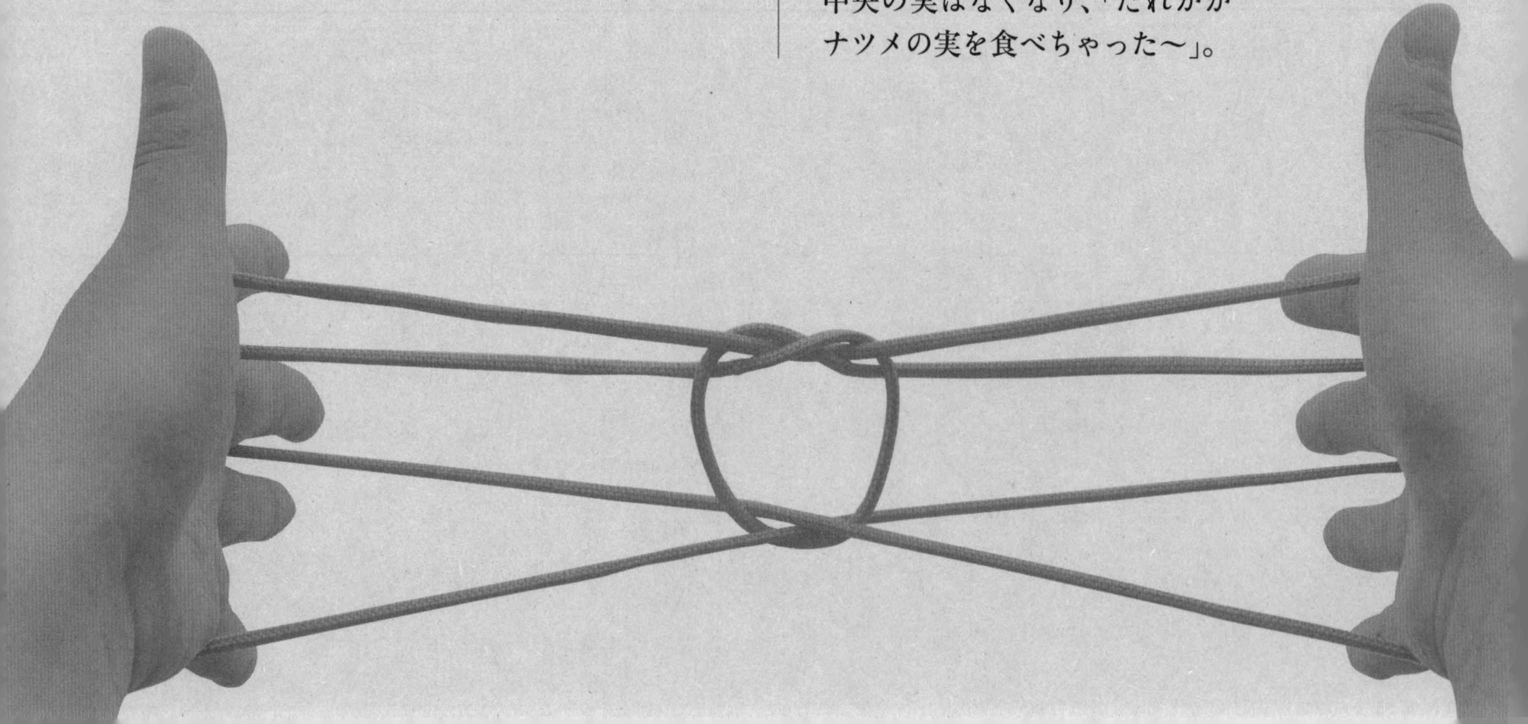

最後の手順で、他のひもを外さないように

4段ばしご ▶ p.30

Jacob's Ladder

とりやすいひも●素材：アクリル、綿　長さ：160～180cm

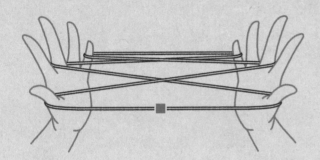

1
中指のかまえ (p. 76) からはじめます。親指のひも
■を外します。

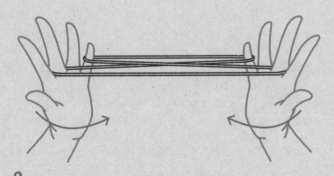

2
手のひらを向こう側に向けます。

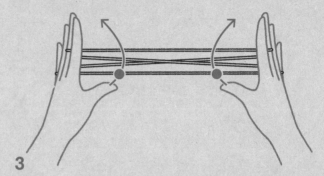

3
親指で、小指の向こう側のひも●を、下からとり
ます。

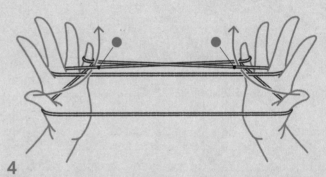

4
親指で、中指の向こう側のひも●を、下からとり
ます。

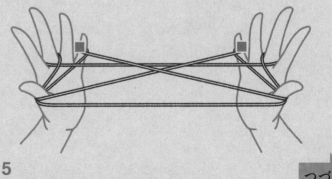

5
小指のひも■を外します。

つづく

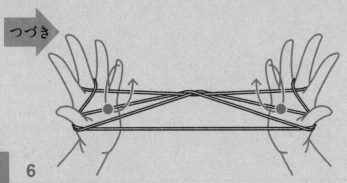

6

小指で、親指の向こう側から中央に向かうひも●を、下からとります。

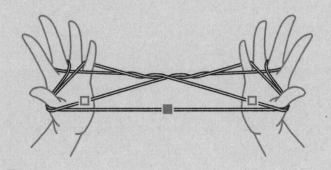

7

親指のひも■と□を、両方外します。

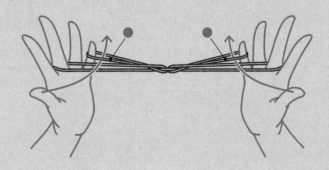

8

親指で、小指の手前側のひも●を、下からとります。

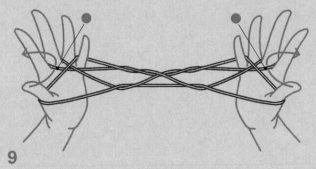

9

ふたたび親指で、中指手前側のひも●をとります。とりにくければ、反対側の手で●を引き出し、親指にかけましょう。

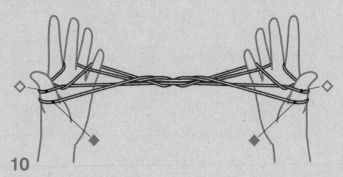

10

親指のひもをナバホどり (p. 77) します。◇を外さずに、◆を外しましょう。

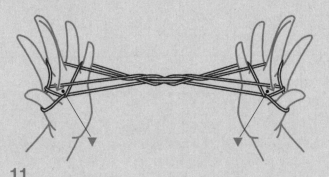

11

親指の前にある三角形の輪▼に、中指の指先を上から入れます。

94

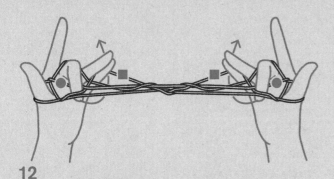

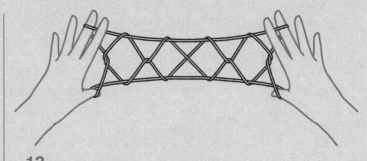

12
小指のひも■を外しながら、中指を向こう・上側へと回して、中指の腹(はら)にかかるひも●を、引っかけるようにとり、手のひらを向こうに向けると……

13
「4段(だん)ばしご」のできあがりです。

でき あがり

ハンモック ▶ p.56

A Hammock

とりやすいひも ●素材：アクリル、綿　長さ：180〜200cm

中級

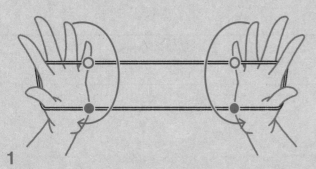

1
親指と人さし指にひもをかけてはじめます。中指・
薬指・小指の3本で、両手の間のひも2本●と○
を手のひらににぎります。

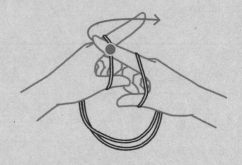

3
そのまま右人さし指の上の方で、●をとって、少
し引きます。

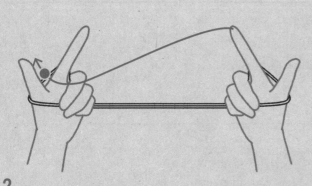

2
右人さし指の先を、左の親指と人さし指の間を通
るひも●の下に、手前側から入れます。

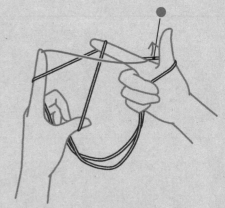

4
左人さし指の先を、右の親指と人さし指の間を通
るひも●の下に、手前側から入れます。

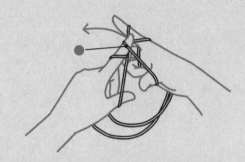

5

そのまま左人さし指の上の方で、●をとって、3
と同じくらい引きます。

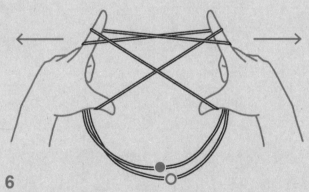

6

1でにぎったひも2本●と○を外し、両手を左右
に開きます。

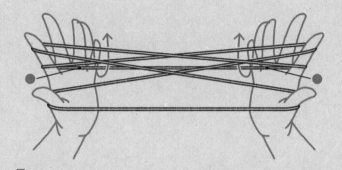

7

薬指で、人さし指向こう・下側のひも●を、下か
らとります。

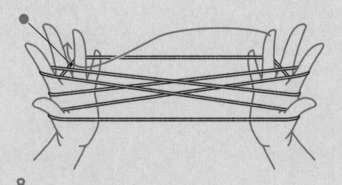

8

右薬指を、左中指の前を通っているひも●に、下
から入れます。中指でとらないように、気をつけ
ましょう。

つづく

中級

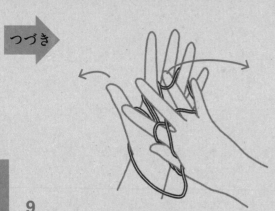

9
そのまま両手を開きます。

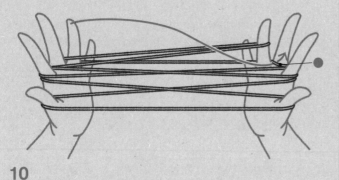

10
今度は反対に、左薬指を、右中指の前を通っているひも●に、下から入れます。

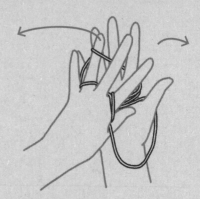

11
そのまま両手を開きます。

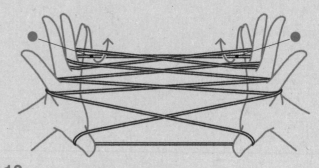

12
小指で、左右の薬指の間を結ぶひも●を、下からとります。

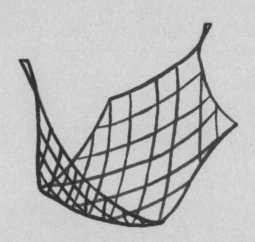

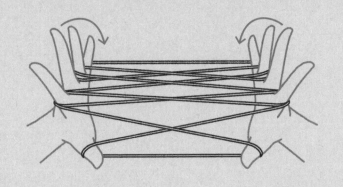

13
指先を、向こう側にむけると……

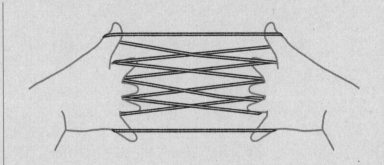

14
「ハンモック」のできあがりです。

できあがり

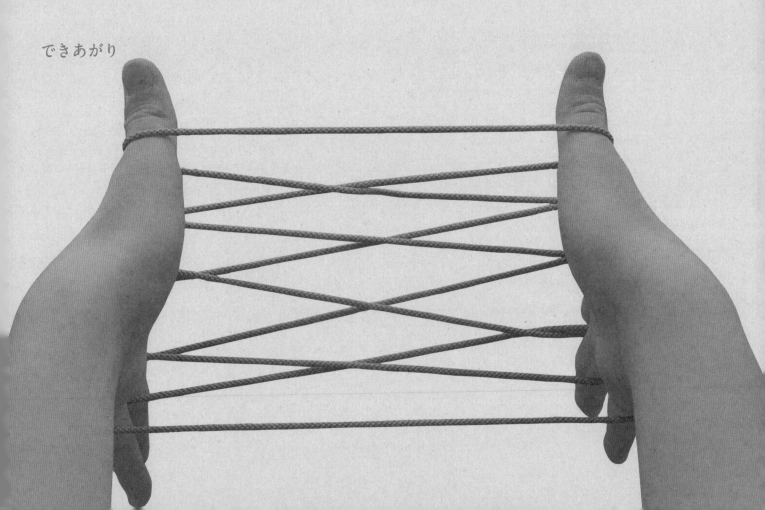

とりにくいときは、反対側の手を使いましょう

2本ぼうき→ねずみの顔

▶ p.42,64

The Leashing of Lochiel's Dogs →
Mouse Face

とりやすいひも●素材：アクリル、綿　長さ：160〜180cm

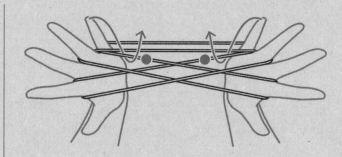

2
小指で、小指の手前側から人さし指向こう側に伸びているひも●を、下からとります。

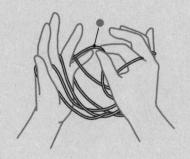

とりにくい場合は、反対側の手でとります。とるひもを間違えないようにしましょう。

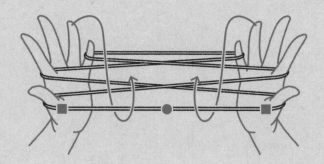

1
人さし指のかまえ (p. 76) からはじめます。薬指で、親指手前側のひも●を、下からとり、同時に、親指のひも■を外します。

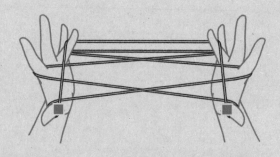

薬指でひも●をとりながら、親指のひも■を外します。

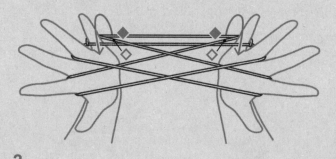

3
小指のひもをナバホどり (p. 77) します。◇を外さずに、◆をはずしましょう。

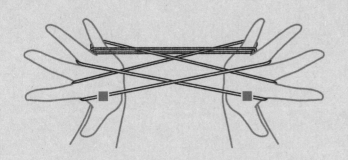

4

人さし指のひも■を外します。

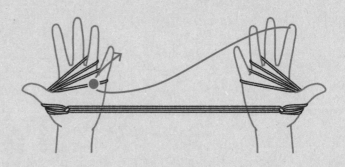

6

右人さし指で、左小指の向こう側のひも●を、下からとります。

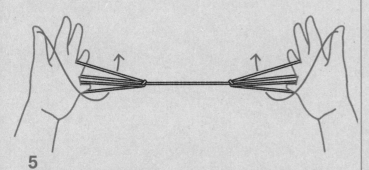

5

指先を向こう側に向け、両手を左右に開くと……、「2本ぼうき」のできあがりです。
つづいて、親指ですべてのひもを、下からとります。

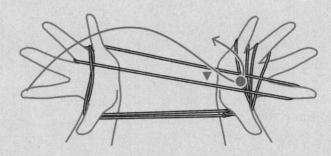

7

左人さし指を、右人さし指の輪▼に上から入れ、右小指の向こう側のひも●を、下からとります。

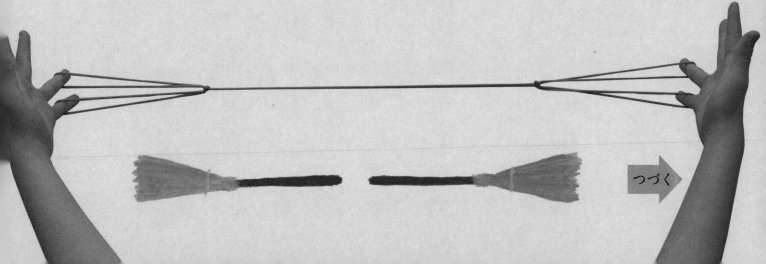

つづく

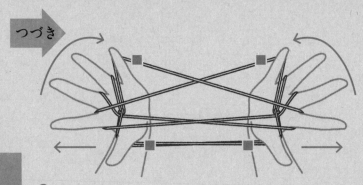

8
親指と小指のひも■を外し、静かに両手を開き、
指先を向こう側にむけると……

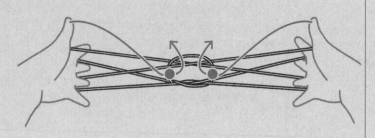

9
まん中に輪が残ります。これは、「ナイジェリアの
月」とも言われます。つづいて親指で、輪の横の
ひも●を、下からとります。

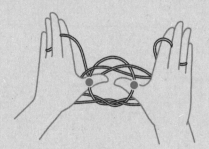

とりにくい場合は、輪を台の上に置いて、親指をひも●の下
にさし入れるといいでしょう。

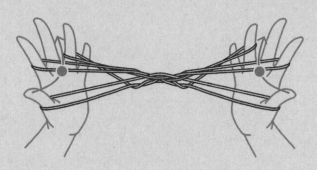

10
親指で、人さし指手前側のひも●を、下からとりま
す。

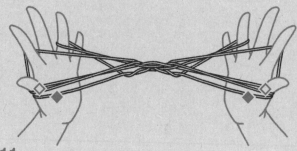

11
親指のひもをナバホどり(p.77)します。◇の外側
から、◆を外しましょう。

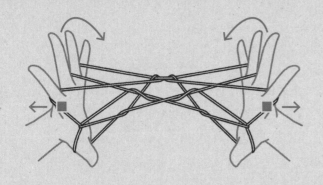

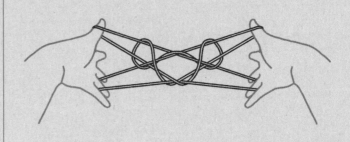

12
人さし指のひも■を外し、両手を左右に開きながら、指先を前に向けると……

13
「ねずみの顔」のできあがりです。

できあがり

ふたりあやとり ▶ p.44

Cat's Cradle

とりやすいひも ●素材：アクリル、綿　長さ：180〜200cm

準備

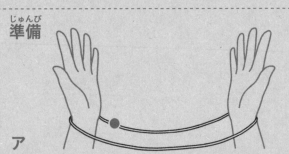

ア

Aさんからはじめます。両手首にねじれないようにひもをかけます。右手で左小指側のひも ●をつまみます。

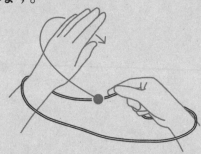

イ

つまんだひも ●を、左手首に手前側から1回巻きます。

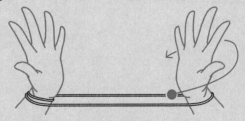

ウ

同様に、左手で、右小指側のひも ●をつまみ、右手首に手前側から1回巻きます。

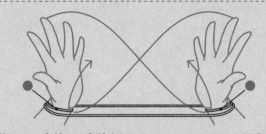

エ

中指で、手首の手前側にかかっているひも ●を、下からとります。

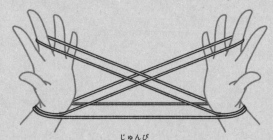

オ

「ふたりあやとり」の準備ができました。この、「吊り橋」からはじめます。

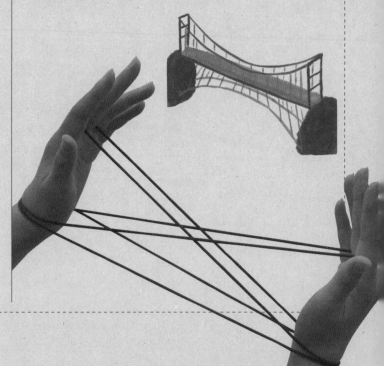

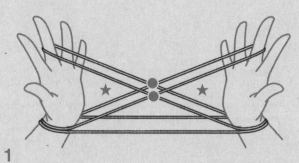

1

Bさんは、「吊り橋」の前後から、親指と人さし指で、中央で交差点●を、★に指を入れてつまみます。

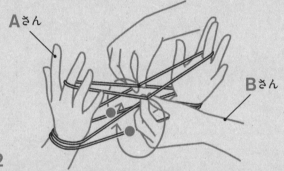

Aさん

Bさん

2

Bさんは、つまんだまま外側に引き出して、Aさんの手首にかかっているひも●を、下からすくい、親指と人さし指を開きます。

つまんだ部分を外側に引き出したところ。そのまま下からすくうようにして、手首のひも●をとります。

そのまま引き上げながら、親指と人さし指を上に向けて開きます。Aさんのひもは外れます。

3

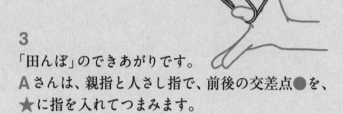

「田んぼ」のできあがりです。
Aさんは、親指と人さし指で、前後の交差点●を、★に指を入れてつまみます。

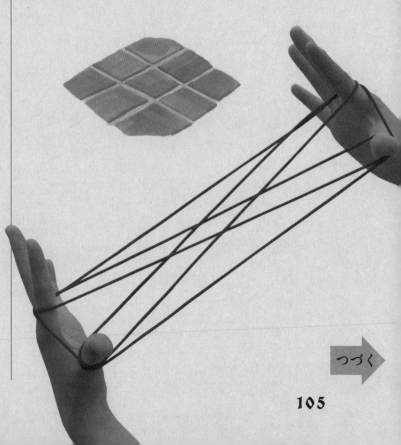

つづく

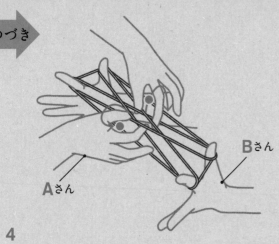

Bさん

Aさん

4

Aさんは、つまんだまま持ち上げ、外側に開いて、横に2本残っているひも●を、下からすくい上げます。

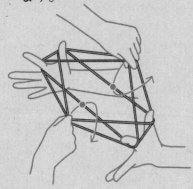

開いたところ。そのまま●を、下からすくい上げます。

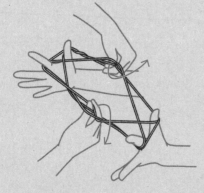

そのまま、親指と人さし指を上向きに開いてとります。**B**さんのひもは外れます。

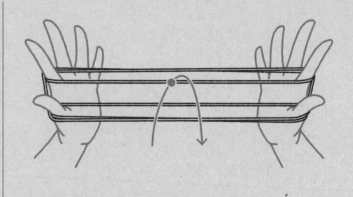

5

「川」のできあがりです。
Bさんは、左小指で、まん中の2本のひものうち、左手より遠い方のひも●をとります。

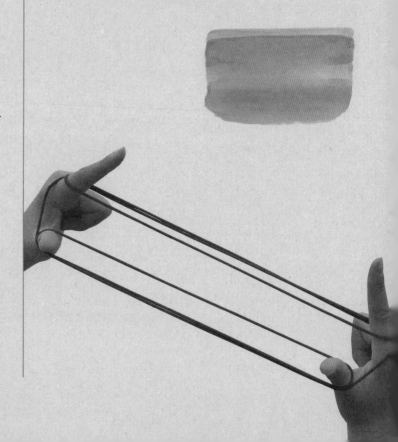

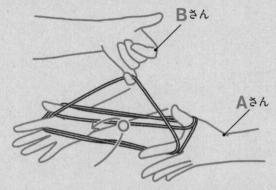

6

Bさんは、右小指で、もう1本のひも○を、下から
とります。

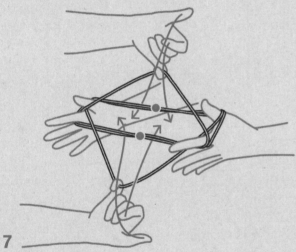

7

Bさんは、親指と人さし指で、横に2本残ってい
るひも●を、下からすくいとります。

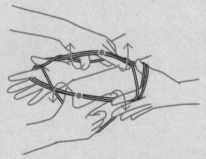

親指と人さし指でひも
●をすくっているとこ
ろ。そのまま2指を上
に向けて両手を左右に
開きます。Aさんのひ
もは外れます。

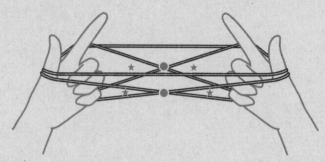

8

「舟」のできあがりです。
Aさんは、「舟」の前後から、親指と人さし指で、
中央で交差点●を、★に指を入れてつまみます。

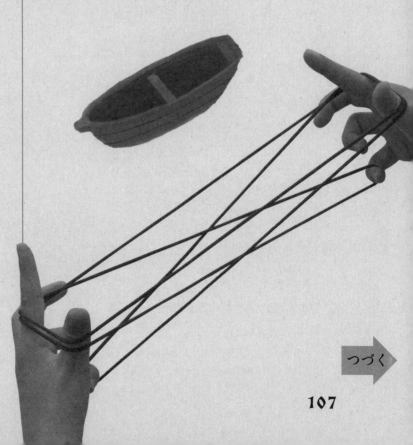

つづく

ふたり

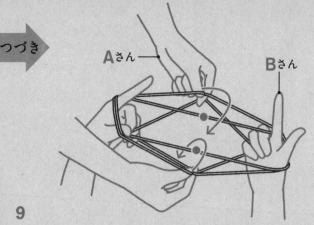

Aさん →
Bさん

9
Aさんは、つまんだまま外側に引き出して、2本残っているひも●を、上からとり、親指と人さし指を下に向けながら、大きく開きます。

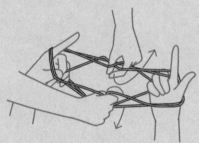

上から●をかけたところ。指を下に向けたまま、親指と人さし指を大きく広げてとります。Bさんのひもは外れます。

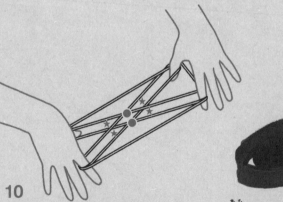

10
ふたたび「田んぼ」ができました。「網(あみ)」と呼ぶこともあります。
Bさんは、親指と人さし指で、前後の交差点●を、★に指を入れてつまみます。

108

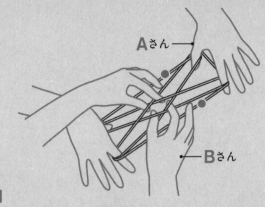

Aさん →
Bさん

11
Bさんは、つまんだまま持ち上げ、外側に開いて、横に2本残っているひも●を、下からすくい上げます。

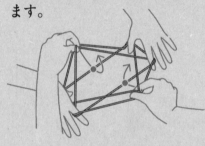

開いたところ。そのまま●を、下からすくい上げ、親指と人さし指を開いてとります。Aさんのひもは外れます。

12
「馬の目」のできあがりです。
Aさんは、親指と人さし指で、前後の交差点●を、
★に指を入れてつまみます。

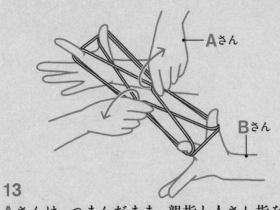

13

Aさんは、つまんだまま、親指と人さし指を内側から上に向け、指を大きくひろげながら、すくい取ります。

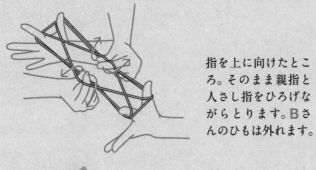

指を上に向けたところ。そのまま親指と人さし指をひろげながらとります。Bさんのひもは外れます。

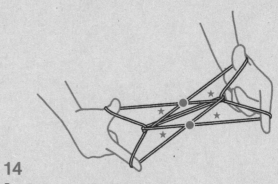

14

「かえる」のできあがりです。
Bさんは、親指と人さし指で、Aさんの親指の手前側、人さし指の向こう側のひもの交差点●を、★に指を入れてつまみます。

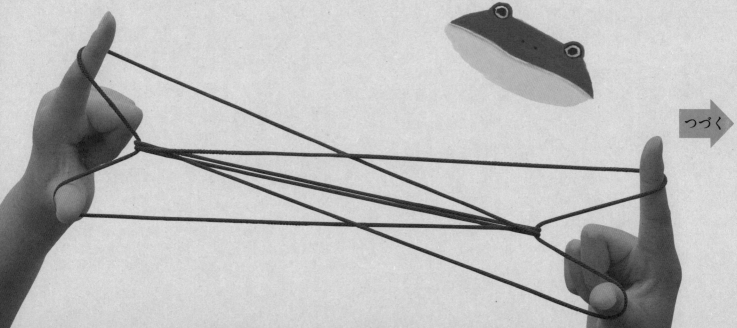

つづく

ふたり

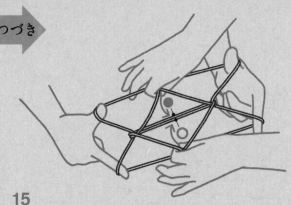

15
Bさんは、つまんだままの指先を、両手の間を通る2本のひも●と○の間に、下から入れます。

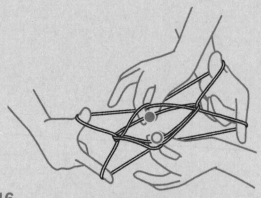

16
そのまま右の指先で●を、左の指先で○を、下からすくいあげるようにとり、親指と人さし指を上に向けて開きます。

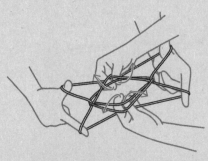

指先を上に向け、しっかり●と○がすくえたら、指を開きます。Aさんのひもは自然に外れます。

17
ふたたび「馬の目」ができあがりました。
Aさんは、小指で、Bさんの親指と人さし指の間を通るひも●を、下から引っかけます。

18
Aさんは、小指をひっかけたまま、両手の間にある交差点●を、★に上から親指と人さし指を入れて、つまみます。

19
そのまま、親指と人さし指を内側からすくいあげ、中央のひし形▲から指先を出して、指先を開いてとります。

指先をしっかり出してから、指先を開きます。小指を外さないように気をつけましょう。Bさんのひもは自然に外れます。

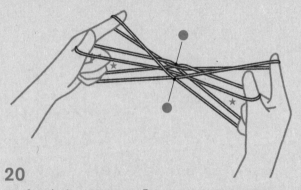

20
両手を左右に開くと、「つづみ」のできあがりです。
Bさんは、「つづみ」の前後から、親指と人さし指
を、Aさんの小指のひもの上★に入れ、交差点●
をつまみます。

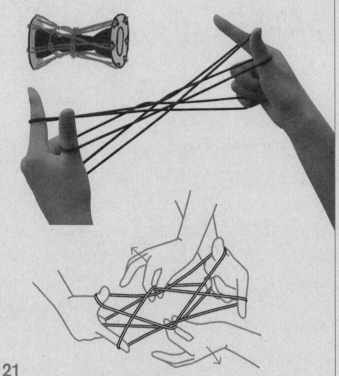

21
Bさんは、つまんだまま横に引き出します。

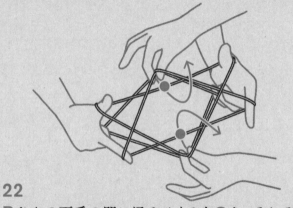

22
Bさんの両手の間に通るひも2本●を、それぞれ
の指先ですくいとります。

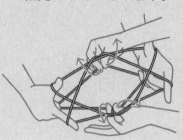

すくっているところ。そ
のまま指先を上に向け
て広げます。Aさんの
ひもは自然に外れます。

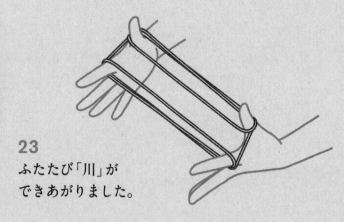

23
ふたたび「川」が
できあがりました。

[遊び方] 5 (p. 106) に戻って、あやとりをとり続け
てみましょう。ちがうとり方にチャレンジしてみ
るのも楽しそうです。

「はしご」のあやとりは、日本をはじめ世界各地に広く分布している大変人気のあるあやとりです。あやとり研究家の斎藤たま氏が日本各地をまわって採集した「はしご」の呼び名は以下の通りでした。

1段ばしご：「ひとつアヤ」（東北・関東地方）

2段ばしご：「2つばしご」（広島）、「2間はしご」（兵庫）、「2つアヤ」（山形）、「2段橋」（宮城）、「二角はしご」（山口）、「2つ網」（島根）など。

3段ばしご：「3つ網」（山口）、「三角」（島根）、「3つアヤ」（山形）など。

4段ばしご：「4段橋」（宮城）、「4つアヤ」（山形）、「眼鏡橋」（千葉）、「らんかん橋」（新潟・佐渡、岐阜）、「石垣」（新潟、山梨、静岡、島根）、「4つ目」（新潟、福井）、「かごの目」（富山）、「4つ眼鏡」（茨城、栃木、福井、鳥取）、「菱」（奈良、三重）、「らんかん」（岡山）、「橋」（鹿児島）など。

「5段ばしご」「6段ばしご」も各地にありますが、「4段ばしご」ほど多くはありません。ミシガン大学の数学科教授だったT.ストーラー博士は「7段以上のはしご」のとり方を研究し発表しました。また、「1段ばしご」から続けて「2段ばしご」「3段ばしご」と段数を増やしていく「はしご連続とり」なるものを考案した人もいます。
　どの地域でも「はしご」のあやとりは人気があり、特に「4段ばしご」(p. 30)は「ふたりあやとり」(p. 72)と同様に日本国内でも世界各地でも最もよく親しまれてきたあやとりと言えるでしょう。

コラム❷

「はしご」のあやとり

日本のあやとり

日本では、江戸時代前期の1665年に作られた俳句で「風の手の糸とりとなる柳かな（作：俊安）」と「糸とり＝あやとり」のことが詠まれており、あやとりに関する日本最古の史料として知られています。また、1724年に出版された西川祐信の『絵本大和童』には、ふたりの着物姿の女の子が「糸とり」に夢中になっている様子を描いた木版墨刷の絵も紹介されています。

江戸時代のあやとりに関する文献や絵画史料は、ほとんどが「ふたりあやとり」（p. 44）でした。おもちゃなどの無かった時代に、交互にとり合う「ふたりあやとり」は延々と続けて遊べる大変人気のある遊びだったのでしょう。「はしご」や「ほうき」（p. 24）などのひとりでとるあやとりが記録に現れるのは明治時代以降です。
　江戸時代中期の錦絵などには絹のひもを使ってあやとりをしている様子が描かれていますから、裕福な家庭に限られていたのでしょう。明治時代には一般の家庭でも木綿糸を2重にしたり、麻のひもで遊んでいたようです。昭和に入ると毛糸で編み物をするようになり、毛糸をくさり編みにしたものであやとりを楽しむようになりました。

昭和40年代のお正月の風景

文明の発達した国で日本人ほど長い間あやとりと親しんできた民族はありません。日本には昔から和服のひもなど身近にひもの文化がありました。また繊細で器用な人が多く、職人や絵師などによる素晴らしい工芸品や絵画なども多く残されています。「ふたりあやとり」をひとりでとる「連続ひとりあやとり」（p. 28）に発展させたのも日本だけのようです。

アジアのあやとり

日本を除くアジアのあやとりについては、長い間調査が行われていませんでした。特に中近東やロシアなどは未だ調査報告がありません。しかし、国際あやとり協会が設立された後の1997年と2001年に会員のW. ワートらが中国やインド、ビルマ、ネパールなどを調査した結果、中国チベット自治区のラサで「日の出」(p. 48)のあやとりを採集しました。「ナツメの実」(p. 50)も中国のあやとりです。

インドでは「はさみ」をとる途中で「棺にかける布」という形が報告されています。インドのミゾラム州(ミャンマーとの国境地方)には「家の柵」というあやとりがありますが、これも世界各地で「ねずみ」と呼ばれているあやとりと同じ形で、これにインドでは独自のお話がついています。
　他のほとんどのアジアのあやとりは、世界各地でよく知られているものが多く、たとえばネパールの「背負いかご」は日本で「朝顔」と呼ばれているあやとりと同じ形です。タイやベトナム、インドシナ半島などではひもの代わりに輪ゴムを使って、簡単な形を作って楽しむ遊びもあります。

私たちがよく知っている「ふたりあやとり」は、300年も前の日本や中国の本に出ているので、アジアのどこかで生み出されたのではないかと思われていますが、中国やインドなどは大昔から独自の文化が発達したため、日本のようにあやとりが多くの人に親しまれることは無かったようです。

アフリカのあやとり

20世紀のはじめにイギリスの民族学者W. A. カニングトン博士やA. C. ハッドン博士などが、アフリカの各地域を調査して、アフリカらしい珍しいあやとりをたくさん採集しました。

アフリカ大陸南部の雄大な風景を表す代表的なあやとりにジンバブエの「バトカ峡谷」(p. 52)があります。バトカ峡谷はザンベジ川流域にあり、川の上流には世界自然遺産のビクトリアの滝があって、このあたり一帯は観光名所となっています。

また、ジンバブエの北のザンビアには「開拓地の家」のあやとりがあります。ともに簡単でしかも大胆なとり方をしますが、無駄な線のない形の整った美しいあやとりです。

サハラ砂漠の西に位置するマリの子どもたちもあやとりをしていました。マリにはザンビアの「草ぶきの小屋」と同じあやとりがあり、「フルベ人の家」と呼ばれています。アフリカ各地にはアフリカならではの動物のあやとりも珍しくはありません。モザンビークの「戦うライオン」(p. 62)、コンゴの「ヒョウの口」、ガーナの「ゾウの足跡(ゾウのかかと)」(p. 66)などはいずれもシンプルな形で表現されています。

それとは対照的に、現地の人だけが区別できる動物の目の特徴を表現したあやとりが、赤道ギニアやカメルーンに住むファン族の人たちにありました。「セスジダイカーの目」「ピーターズ・ダイカーの目」「シロバラダイカーの目」というあやとりです。ダイカー(ウシ科の草食動物)の肉を食料とするファン族の人たちは、夜の猟で茂みの中で目を光らせているダイカーのことをよく知っておく必要があったのでしょう。

そのほか、スーダンでは「鳥の巣」(p. 60)、ナイジェリアでは「フフ」(杵の一種)、また1900年代には赤道ギニアやカメルーンで「集会場」や「首飾り」といったモダンなあやとりも採集されています。

世界各地のあやとり

日本独自のあやとりと思われているものにも、実は同じ形のあやとりが世界各地にたくさんあります。その最も代表的なものは「ふたりあやとり」です。日本やアジアの一部の他、ヨーロッパやアメリカなどでは「Cat's Cradle (ねこのゆりかご)」と呼ばれてあやとりの代名詞として親しまれてきました。その他、「4段ばしご」(p.30)も世界各地で採集されたあやとりです。

　そうした世界各地で知られているあやとりには、それぞれの地域の文化や生活環境によって様々な名前がつけられていますが、ここではその一部を紹介します。

「4段ばしご」(日本)

　「ヤコブのはしご」(アメリカ)、「ロンドンブリッジ」(イギリス)、「ケベックブリッジ」(カナダ)、「ハーバーブリッジ」(オーストラリア)、「動物をとる網」(赤道ギニア)、「リスをとる網」(スーダン)、「ひょうたんを入れる網」(ナイジェリア)、「獲物の落とし穴」(ガイアナ先住民マクシ)、「魚の骨」(ペルー先住民チャマ)、「溢れる泉」(フランス領ポリネシア)、「4つ目」(ハワイ先住民)

「2本ぼうき」(日本)

　「ニワトリの脚」(インド)、「堅杵」(ナイジェリア)、「太鼓」(ガーナ、ナイジェリア)、「ダチョウの脚」(スーダン)、「アヒルの脚」(赤道ギニア)、「パンダナス」(フィジー)、「鋤」(ニュージーランド)、「シラカバの木」(カナダ)

「朝顔」(日本)

　「角笛」(中国)、「背負いかご」(ネパール)、「開拓地の家」(アメリカ先住民プエブロ)、「家畜の首にかける鈴」(アルゼンチン)

「パンパンほうき」(日本)

　「ココヤシ」(タンザニア)、「はかり」(スーダン)、「魚に突き刺す槍」(カナダ)、「鳥を射落とす投げ矢」(デンマーク領グリーンランド)、「木」(ペルー)

ヨーロッパのあやとり

「Cat's Cradle」を描いた
ノルウェーの切手

早くから文明の発達したヨーロッパでは、伝承あやとりがほとんど見つかって
いませんでした。ただし、とり方まで紹介されているもので世界最古のあやとり
が、実はギリシャの医学書に掲載されていました。「吊りほうたい」(p.70) です。

　これは、日本の「菱結び」とできあがりがよく似ていますが、医療用に用いられていました。お話のつい
たあやとり「ろうそくの束」(p.68) もイギリスではよく知られています。「あやとり」については18世紀イ
ギリスのオックスフォード英語辞書に世界最古の記述があるとのことです。

「ふたりあやとり」(p.44) は「Cat's Cradle」と呼ばれて、古くからヨーロッパの各地でよく知られていまし
た。1880〜1901年頃に作られたイギリスの絵皿や、製紙会社の宣伝カード、ノルウェーの切手、スイスの
画家による作品などに「Cat's Cradle」の様子が描かれています。1898〜1899年、イギリスでは近代文明
の急速な進歩と普及に反して滅亡に向かいつつあった世界各地の先住民の民芸、風俗、習慣などを蒐集
する人類学の探検隊が組織され、トレス海峡に派遣されました。この探検隊に参加した人類学者のA. C.
ハッドン博士によってオセアニアの「あやとり」が採集され、1902年にはW. H. リバース博士によってあ
やとりの記述法が提案され、学術書に発表されました。その後、あやとり研究は急速に世界各地ではじめ
られたのです。

　伝承あやとりの少ないヨーロッパの人々、特に多くのイギリス人が、アメリカ人やカナダ人などととも
に世界の伝承あやとりの採集、研究、保存のために尽力しています。そして、1984年の国際あやとり協会
発足以来、多くのヨーロッパのあやとり愛好家によって素晴らしい創作あやとりが発表されるようにな
っています。

あとがき

このたび「世界の伝承あやとり」シリーズの5冊を無事に刊行できますことを心から嬉しく、有難く思っています。

　あやとり撮影のために、難易度の高いあやとりも含めて美しいあやとりを見事にとって下さった佐藤直翔君や高橋岳大君・玲帆ちゃん兄妹、金子想君、佐藤春美さん、竹原詩歩ちゃん、娘の嶋津香と孫の野口愛、種々協力して下さった青木萬里子さん、本当に有難う！！

　撮影の監督などでご協力頂いた国際あやとり協会会員の杉林武典さんにも心から感謝申し上げます。また、5冊にわたり制作に携わられた編集の西まどかさんはじめ、スタッフの方々やこの本の成功のために目立たぬところで協力して下さったおひとりおひとりにも心から感謝しています。

　あやとりはたった1本のひもでできる大変楽しい遊びですが、脳科学者の言葉によると「脳を鍛える知的な遊び」でもあります。これからもあやとりが大人から子どもまで幅広く愛される遊びとして受け継がれていきますように、また、本書を通じ、多くの方々にあやとりの楽しさと幸せをお届けできますよう心から祈っています。

野口とも

野口とも のぐち・とも

国際あやとり協会会員、数学オリンピック財団元理事、イリノイ大学語学研修、国際あやとり協会創設者野口廣著あやとり本の著作協力をはじめ、動画の監修、テレビ出演や早稲田大学その他の各種あやとりイベントの指導や世話役、国際あやとり協会国内連絡係などを務めている。

　著書は、世界の伝承あやとり『オセアニアのあやとり1』『オセアニアのあやとり2』『南北アメリカのあやとり』『アジア・アフリカ・ヨーロッパのあやとり』(共に誠文堂新光社)『決定版かんたんあやとり』『頭がよくなる育脳あやとり』(共に主婦の友社)『いちばんやさしいはじめてのあやとり』(永岡書店)『大人気!! 親子であそべる たのしい！あやとり』(高橋書店)他多数。

「草ぶきの小屋」(p.54)をとる著者

119

表紙あやとり
「ふたりあやとり」
2章扉あやとり
「富士山」
(モデル：竹原詩歩、金子想)

協力
ISFA 国際あやとり協会
(International String Figure Association)

著作協力
杉林武典

撮影協力
青木萬里子

あやとりをとってくれた人
高橋玲帆、金子想、竹原詩歩

写真提供
梅本幸一、竹原庸光・京子、シシドユキオ、嶋津理香

資料提供
シシドユキオ

撮影
佐藤克秋

デザイン
三木俊一＋高見朋子(文京図案室)

イラスト
山口洋佑(第1章)、かわもとまる(第2章)、
あくつじゅんこ(あやとりの基本)

編集
山田桂、西まどか(誠文堂新光社)

世界の伝承あやとり

アジア・アフリカ・ヨーロッパのあやとり

世界に広がるあやとりの輪

NDC 798

2019年6月15日　発　行

著者
野口とも

発行者
小川雄一

発行所
株式会社誠文堂新光社
〒113-0033東京都文京区本郷3-3-11
(編集)電話03-5805-7763
(販売)電話03-5800-5780
http://www.seibundo-shinkosha.net/

印刷
株式会社大熊整美堂

製本
和光堂株式会社